エリートたちの反撃

ドイツ新右翼の誕生と再生

フォルカー・ヴァイス著
佐藤公紀 訳

新泉社

Deutschlands Neue Rechte

Angriff der Eliten —Von Spengler bis Sarrazin

Volker Weiß
Kiminori Sato

エリートたちの反撃——ドイツ新右翼の誕生と再生

目次

凡例

・本書に登場する人名のうち、主要人物については二九〇頁以下の「資料」で説明を付けた。なお、フォルカー・ヴァイス『ドイツの新右翼』（新泉社二〇一九）の「資料」（四五三〜四六五頁）には、ドイツの新右翼関連の人名、新聞・雑誌、出版社、組織、運動がまとめられている。そちらも合わせて参照されたい。

・本文中で、特に説明が必要と思われる事項については、［　］内に訳注を付した。

・本書で引用されている文献の引用箇所は、既存の邦訳をベースとしつつ、基本的に本稿訳者の訳によるものである。

・本書で訳出した重要概念のうち、前訳書『ドイツの新右翼』とは異なる訳語を与えたものもある。たとえば、「Gutmensch」「Gutmenschen」を「善意の人」「善意の人たち」とするなど（前訳書では「良心的な人々」）。

・本文の人名、事項の発音は、原則として慣用に従ったが、原音に近いカタカナで表記したものもある。

デザイン　三木俊一（文京図案室）

1

二〇一〇年の黙示録

——ドイツは自滅するのか？

スキャンダル

二〇一〇年秋、ドイツにある奇妙な同盟関係が成立した。ドイツ連邦銀行理事ティロ・ザラツィン［一九四五〜］は、金融のプロとして民衆から遠い存在のドイツ連銀のエリートでありながら、「民の声《ウォクス・ポプリー》」の代弁者となったのである。

元エリート官僚で、ドイツの典型的な政治階級の人間であるザラツィンは、銀行の悪い評判を忘れさせ、数カ月にわたって居酒屋談義、学芸欄、そして議会での議論を炎上させることに成功した。「ドイツは今後も指導的な産業国家でありつづけるチャンスをすべて台無しにしている」、「ドイツは劇的な衰退段階にある」というのが彼のテーゼである。どのようにしてザラツィンは、大衆向け新聞や「真っ当な」メディアに「タブー破り」と称えられることに成功したのだろうか？

ザラツィンは二〇〇九年一〇月、文化雑誌『レットル・アンテルナシオナル』のベルリン特集号に、首都ベルリンの荒廃した経済状態について答えたインタビューを載せた。[1] ベルリン州政府の財務大臣を務めたこともあるザラツィンが抱いていた切迫感は、このインタビューを通じて、すぐさま世間に知れ渡った。

ザラツィンの怒りに火をつけていたのは、ベルリンに住むトルコ系やアラブ系のマイノリティだった。ザラツィンは、彼らは経済的に生産性がなく、現行の法規範を無視し、首都ベルリンの発展に何ら貢献していない、つまり、「ベルリンにはあまりにも福祉に依存するクズが多く、そしてあまりにもエリートが少ない」と主張したのである。

ザラツィンがこのような意見を披露した『レットル・アンテルナシオナル』は、少部数発行の高級文化雑誌で、一国ではなくヨーロッパ全体を志向するインテリ層という、非常に明確に限定された読者層を対象とする専門誌である。したがって雑誌の届く範囲も、その程度のものにすぎなかった。そして、このザラツィンのインタビューは、『レットル・アンテルナシオナル』が、ベルリンについて様々な人物に対して行った、四〇以上もあるインタビューのうちの一つにすぎなかった。それはいわば、都市ベルリンの現状に関する検討会の様相を呈しており、特集号のキャッチコピーは、「カウチに寝そべるベルリン」だった。

この時点では、読者はこのインタビューを通して、かつてベルリン州政府閣僚という公職にあったザラツィンが、当時取ることができた政策の選択肢の少なさにフラストレーションを抱いていたこと、上流階級の傲慢さと俗な人種主義を備えた人物であること、そして大都市ベルリンの社会的に複雑な環境《ミリュー》［似たような価値観、メンタリティー、生活・行動様式によってある程度のまとまりを示す社会的集団のことを指す］に不満を持っているらしいことなどを感じ取っただけだった。要するに、多少行き過ぎた単なる放言のたぐいとして、読者の共感を得たに過ぎなかった。

それだけであれば、日々の情報の洪水のなかで、またすぐに忘れ去られたのかもしれない。そして普通ならば、ドイツ二大政党の一つで中道左派政党のドイツ社会民主党（ＳＰＤ）に所属する、政治家ザラツィンのこの感情の暴発が、広く一般大衆に届くことは絶対になかっただろう。つまり、このインタビューが政治問題化し、ザラツィンの攻撃的発言が世間から高い人気を博すためには、人びとの印象に深く残るような援護射撃が必要だったのだ。

そうしたところに、ドイツで最大の発行部数を誇る「ビルト」紙がこのインタビュー記事の抜粋を紙面に掲載し、その完全版をホームページに転載したのである。この記事の抜粋も完全版のホームページへの転載も、著作権者であるザラツィンの許可なしに行われたものだった。『レットル・アンテルナシオナル』編集長のフランク・ベルベリッヒ［一九四九～］が強調したように、アクセル・シュプリンガー社［娯楽路線、政治的保守路線を志向し、「ビルト」紙や高級新聞「ディ・ヴェルト」などを発行するドイツ最大手のメディア企業］は、「競争法も著作権も」侵害していた。[2] 時を同じくして行われたシュプリンガー社肝いりのキャンペーン「知的財産保護のために」のことを思い起こせば、この著作権侵害は恥ずかしいどころの事態ではなかった。ところがシュプリンガー社にとっては、このキャンペーンは単に自社の利益を保護することが重要だと強調したものにすぎなかった。

ともあれ、このザラツィンのインタビューは、シュプリンガー社によってもともとの文脈から引き剝がされ、センセーショナルなものに仕立て上げられた。シュプリンガー社は、こうしたやり方による法律違反は、十分弁護することができるたぐいのものだと考えていたようだ。だからシュプリンガー社は、「スキャンダル」を生み出すために、あえて法的措置も甘受して、ザラツィンの考えを斬くのごとく脱文脈化して人びとにばらまいたのであった。

こうした強烈な援護射撃がなかったならば、「民衆」は、ティロ・ザラツィンという、よりにもよって普段は民衆に疎まれている典型的な政治屋を、自分たちの意見の代弁者に選ぼうなどと考えなかっただろう。ベルリン州財務大臣在任中、ザラツィンは一般のＳＰＤ党員とはあまり接触せず、「太りすぎたハルツⅣ受給者」［シュレーダー（ＳＰＤ）政権下の二〇〇五年に成立したハルツⅣ法は、長期失業者に対して「生活保護」と同等水準にまで引き下げられた失業給付を設け、これにより社会保障のコストを大幅に抑制した］のことを嘲笑していた。そして、世論受けを狙って、こうした人びとは「暖房費を下げて低コストで生活するよう、暖かいセーターを着るべきだ」などと提案していた。

さらに、ＳＰＤ党員のザラツィンは、国家の社会給付と労働施策とを連動させたアメリカの「ワークフェア」のような政策を導入せよと強く主張していた。この「ワークフェア」という概念は、ドイツでは「1ユーロジョブ従事者」という形態を取っており、当時は始まってまだ比較的まもない制度であった。

ところが、ザラツィンがあの『レットル・アンテルナシオナル』の放言インタビューで言及したのは、「ドイツ人ではない」公的扶助の受給者たちのことであった。民族を基準として社会統合を行っていくべきだとするザラツィンのこの提案は、ザラツィンが以前のインタビューで、同じような悪意を浴びせかけていた「ドイツ人の」ハルツⅣ受給者や1ユーロジョブ従事者たちからも、歓迎されることになったのである。

そこから一年経つか経たないかという二〇一〇年八月三〇日、ティロ・ザラツィンは、ふたたび新聞の見出しを独占した。もちろんそれまでも、ザラツィンが新聞の見出しから完全に姿を消したことなど一度もなかった。しかしこの日、ザラツィンは、後に百万部以上を売り上げることになる『ドイツは自滅する』という俗受けするタイトルの本を出版した[3]。この本の出版以降、最終的には数週間にもわたって、ザラツィンというテーマはTVのトークショーや新聞の一面を席巻したのである。

この突飛な印象を与える銀行家を改めて世間に知らしめたのは、強力な情報拡散者たちだった。たとえば、著者のザラツィン自身が書いているように、この本を最初にオファーしてきたのは「ドイツ出版社」(DVA)だった[4]。このDVAはランダムハウス出版グループに所属しており、その親会社は世界最大規模のメディア・コングロマリット、ベルテルスマン・コンツェルンである。つまり『ドイツは自滅する』は、社会の隅っこにある小さな出版社から出版されたのではなく、最も影響力のある、国際的に活動する出版グループの子会社から市場にもたらされたものだったのだ。さらに『ドイツは自滅する』の文章の一部は、出版前に「ビルト」紙や『シュピーゲル』誌に掲載されていた。『ドイツは自滅する』が完全な形で出版される前から、すでに議論は焚きつけられていたのである。

ザラツィンが継続的にメディアに露出しているのを見たとき、特に気味悪く思えるのは、ザラツィンを擁護する出版物の多くが、ザラツィンに関する「言論封殺《シュプレヒフェアボート》」が解消されることを信じて、「言論の自由」の名のもとに、情熱を持ってこのタブーを打ち破ろうとしていたことだ。ザラツィンを取り上げた媒体には、「若き自由」のような誰もが知っている右翼の新聞だけでなく、社会のメインストリームのなかに確たる足場を築いていた「ビルト」紙も含まれていた。こうして、世論に対するメディアの積極的な働きかけや、ザラツィンが有する連邦銀行での高い地位、そしてユダヤ人に共通する遺伝的な性質についてザラツィンが公然と行った憶測が、ついにその効果を発揮することとなった。社会から爪弾きにされたと吹聴するザラツィンの『ドイツは自滅する』は、その初版を瞬く間に売り切ったのである。

ザラツィンの成功は、彼のテーゼを世間に広めた集団キャンペーンだけに要因があるのではない。銀行家ザラツィンの言葉による侮辱《ヴァーバル・インジャリー》は、ドイツの世論が抱えていた非常に大きな不安に踏み込むものだったのである。

*

振り返ってみれば、次のような状況を描くことができる。かつて「歴史の終わり」を予告した時代の転換期、すなわち一九八九年からの数年間で、現実社会主義を掲げた東欧諸国が崩壊し、それが人びとを幻惑する手品にすぎなかったことが証明された。そして、東西分断を克服し、ベルリンを首都と定めたドイツ連邦共和国であったが、実際はかつての西ドイツ時代の「すべての国民に繁栄を」というスローガンからは遠くかけ離れ、永続的な高失業率、大幅なコストカットを伴う社会福祉改革、外交的危機などの現実が、冷戦以後の秩序を大きく規定した。その結果、西欧諸国の近代化の敗者や近代化の忌避者たちは、西欧の「冷淡な」啓蒙主義のネガとして、過激化したイスラム教徒たちを歓迎し、この過激なイスラム教徒たちは、近代化の敗者たちを自らの旗のもとに糾合していったのである。

一方、困難な民主化の途上にあったキリスト教会のなかでも、原理主義的な潮流にふたたび耳が傾けられるようになっていた。また、百年以上にわたって存在していた社会内部の経済格差に基づく対立が終わりを迎えた今、市民社会の反対勢力はほぼ右翼から構成されるようになっていった。もはや「右翼の反対勢力は左翼だ」と名指しできないほど、左翼がいなくなったように見える。

実際、冷戦が崩壊し、ドイツが再統一した後の新たな世界秩序のなかで、「永遠の平和」を実現してほしいという願いは叶わなかった。たとえば、ドイツ連邦軍がふたたび軍事的な貢献を行うことすら可能となるような状況が生まれてしまった。現にドイツ連邦軍の部隊は、国際同盟の枠組みで、アフガニスタンにおける見通しのない戦争に参加することになった［二〇〇一年、当時のシュレーダー政権はアメリカの対テロ戦争の一環として、アフガニスタンに連邦軍を派遣した］。

ここに加わったのが、グローバル化した経済とヨーロッパ域内市場の混乱だった。二〇〇八年の終わりには、これまで想像もつかなかったような規模の経済危機が、すでに苦境にあったドイツの財政を襲った。先行きの不透明さ、過大な要求、そして経済的圧力は、ドイツ人のなかに没落への不安を生み出し、この不安は、溜まりに溜まった伝統的なルサンチマンに助けられて、あっという間に広まっていった。「終末文学［終末論］」の市場が拡大していくなかにあって、ザラツィンの『ドイツは自滅する』はまさに時宜に適ったものだったのである。

もっともこうした簡単な描写は、読者が近年の情勢を追体験できるよう、筆者が再構成したものであり、近代が始まってからこれまで、世論が「ドイツの没落」というメッセージに敏感ではなかった時代などほとんど存在しなかった。作家であり脚本家のテア・ドルン［一九七〇～］は、過去から何度でも蘇ってくる、来たるべき総力戦のイメージを「黙示録への欲望」と名付けたが[5]、このタイトルは明らかにジャーナリストで作家のフリードリヒ・ジーブルク［一八九三～一九六四］の戦後のベストセラー、『没落への欲望』（一九五四年）を参考にしたものだった。没落という主題はいつもよく売れるし、危機の折には比類ない力を秘めている言葉なのである。

同じような立場にいるのが、哲学者のペーター・スローターダイク［一九四七～］である。二〇〇九年、スローターダイクによる詩人ライナー・マリア・リルケ［一八七五～一九二六］の定型詩《ソネット》『古代のアポロンのトルソー』の解釈が新聞の学芸欄を騒がせたことがあった。

> 今日、「汝は汝の生を変えなければならぬ！」と言いうる唯一の権威があるとすれば、それはグローバル危機にほかならない。このグローバル危機がその使徒を現世に送り始めていることは、誰しもが感じている。グローバル危機は、グローバルな破局がその後にやってくる、という想像不可能なことを引き合いに出すことで、その権威を保つので

ある。[6]

本書の詳細な考察で示されるのは、この没落の予言そのものが、没落の呪いをかけた当の文化にすでに含まれていた要素だということである。テオドール・W・アドルノ〔一九〇三〜一九六九〕は、あらゆる文化批判《クルトゥーアクリティーク》〔現状の文化を没落、崩壊、退廃、変質の過程にあるものと見なし、これを批判する言説。「文化ペシミズム」を含む。ドイツの文脈では、一九世紀後半から二〇世紀前半にかけて、近代西欧「文明」と対置されたドイツ性の象徴としての「文化」理念を通じて、「没落」しつつあるドイツ民族の統合と再生を目指した、主に教養市民層のエリートによって唱えられた一連の主張を指す。訳者解説参照〕のパラドクスから導かれる事態について、次のように明確に述べている。

文化批判者は文化が気に入らない。だが、彼が文化を不快に感じることができるのは、ひとえにその文化のおかげなのである。[7]

退廃と衰退

ザラツィン現象については、ドイツ国内でこの間にも大量の文章や記事が書かれてきた。だから、ザラツィンの仕事の進め方の信頼度、ザラツィンが援用した資料と統計の質、そしてその因果関係の筋道を示す説得力などについての議論は、本書ではこれ以上行わないことにしておく。うさんくさいベルリンの銀行家ザラツィン自身が、一九世紀末以降、ドイツで繰り返し見られた現象のアクチュアルな例であるという事実のほうが、むしろ本書にとっては役に立つ。その現象とは、たいていは人口統計学上の数字や強力なエリートを求める声と結びつく形で、自らの文化が没落していくという悪魔の囁きが唱えられる、というものである。

この劇的な措置を求める政治的・黙示録的ヴィジョンには長い伝統がある。特にドイツの右翼はこうした主題をめぐって完成された世界観を創り出してきた。すでに一九世紀末には、世俗的な時代において、道徳が全面的に解体されていくことを嘆く保守主義者から、近代への攻撃的防御(彼ら自身がこれを行うのが最良である)を求める声が高まっていた。こうした考えが、今日「保守革命」[ヴァイマル共和国期の民族主義的諸潮流の総称。ヴァイス『ドイツの新右翼』第二章参照]という不適切な形でしか呼ばれない右翼の潮流となった。これは、フランスの社会思想家ジョルジュ・ソレル[一八四七〜一九二二]以降の、ロマンス語系諸国におけるファシズムの展開に応じて発展してきたものであるが、この「保守革命」という言葉も、ザラツィンと同様の、ヨーロッパ文化の最終的な没落についての驚くべき不安を的確に表現していたのである。

興味深いことに、この没落文学《ウンターガングスリテラトゥーア》[いわゆる没落論。本書では「ドイツ社会における非エリート的要素の拡大（大衆の台頭、移民の流入など）によって没落しつつある」と危機を煽る一方、没落を阻止する唯一の方策としてエリート指導者層の再生を主張する一連の著作物、という意味で使われている。「終末文学」、「黙示文学」も同義」というジャンルの最も著名なタイトルの一つであるオスヴァルト・シュペングラー［一八八〇〜一九三六］の『西洋の没落』の初版が一九一八年に発表されて以降、どの没落文学の著作においても、没個性化や退廃やアイデンティティ喪失などといったお決まりの没落の表現は共通したものとなっている。[8] それだけでなく、大衆の自己犠牲と規律化によって国家を「強靭化」し、「社会の重荷」となる社会的弱者を隔離して、国家のエリートを育成すると提案する、その治療法までもよく似通ったものだった。将来のために危険を克服して、脅威にさらされている集団を導いてくれるカリスマ的な指導者のスタイルを求める起源は、このような衝動にあった。

すでにシュペングラーは、当時の危機のなかに彼がずっと待望してきた「カエサル主義」［カリスマ的人物が、人民投票などを通じて得た大衆の支持を正当性の根拠として行う擬似民主的な独裁のこと］への移行の兆しを見ていた。そしてシュペングラーは、このカエサル主義を体現したベニト・ムッソリーニ［一八八三〜一九四五］のことを尊敬していた。したがって、退廃、衰退、浄化という没落のシナリオと並行して現れたのが、具体的な内容の伴う幾多の政治的要求だったことは、不思議なことではない。政治学者のクルト・レンク［一九二九〜］は、この古典的なシナリオを「黙示録、退廃、ヒロイズム症候群」としてまとめ、このシナリオのなかに「革命的保守主義の長い伝統の定番」[9]を見出している。

この問題をめぐって、今日ふたたび完全な潮流が形成されている。ＳＰＤ党員ながらＳＰＤとは全く異なる考えを持つザラツィンの主張が現れるのと時を同じくして、ドイツの最大政党で中道右派のキリスト教民主同盟（ＣＤＵ）と極右政党のドイツ国民民主党（ＮＰＤ）の中間に、新しい右翼政党の結成をめぐる議論が行われたことは決して偶然ではない。実際、ドイツ連邦共和国の政治情勢にはそうした動きがあるように見えるし、ザラツィンの著作に対するキャンペーンの成功はその指標と見なすこともできよう。

他方で、ザラツィンの陰に隠れて形成されたこの政治的な言論は、新規性という点ではそれほど新しいものではない。詳しく見れば、この言論の中心的な要素が従来の伝統的な政治イデオロギーの構成要素の一つであることがわかるからだ。したがって本書で辿るべきものは、こうした伝統的な政治的思考の痕跡、その参照先、そして思考の断絶の痕跡、となるのである。

そのため以下の章では、ザラツィンの今日の行動と比較することのできる、過去の様々な事例を取り上げていく。これらの事例はすべて、大衆とエリートの関係、衰退への脅威、国民《ナツィオン》再生の夢をテーマとしており、それらの多くは改革の目的を達成するために、過激な治療方法を推奨している。本書は、手がかりとなるこれらの事例について、様々な時期の、様々な（その多くはドイツ人の）著述家たちに言及する。

戦前を代表する作家としては、シュペングラーのほかに、特にエトガー・ユリウス・ユング［一八九四～一九三四］について論じなければならない。他方、西ドイツの建国間もない頃にも、ホセ・オルテガ・イ・ガセット［一八八三～一九五五］、フリードリヒ・ジーブルク、カール・シュミット［一八八八～一九八五］、アルノルト・ゲーレン［一九〇四～一九七六］といった文筆家たち（彼らの名声はすでに戦前から高まっていたが）が注目される。というのも、オルテガが一九二九年に『大衆の反逆』で強調したように、二つの世界大戦を生きた彼らヨーロッパ人たちこそが、ヨーロッパは没落しつつあると思い込んできた、その没落の発見者であったからだ。オルテガは、今日の没落文学の作家たちには欠けている美徳である自嘲を隠すことなく、こう書いている。

> 古きヨーロッパ大陸以外、誰ひとりとして、ヨーロッパの没落を考えなかったときに、ドイツ、イギリス、フランスの何人かの人が、次の暗示的な問いを思いついた。すなわち、われわれは没落しはじめたのではなかろうか、と。この考えはジャーナリズムで大きくとりあげられたので、今日では全世界が、ヨーロッパの退廃を否定しがたい現実であるかのように話している。[10]

オルテガがこのようにヨーロッパの没落について書いた数十年後に、映画監督ハンス゠ユルゲン・ジーバーベルク［一九三五〜］、劇作家ボート・シュトラウス［一九四四〜］、ペーター・スローターダイク、そしてティロ・ザラツィンらは、没落を回避するために必要とされるエリートをめぐる議論を近代化していった。彼らによるエリート論の近代化は、とりわけドイツ再統一により予期せぬお墨付きを得ることとなった。

彼らの言論はみな、それぞれの時代にそれぞれの影響力を発揮したのであり、一部には今日にまで影響を与えているものもある。ティロ・ザラツィンの『ドイツは自滅する』のテーゼが惹起した議論とこの本の売れ行きがその証拠となっている。

本書では、こうした各時代の作家たちの議論の相違点もさることながら、それらが有する共通点に特に重きを置いて論じた。加えて、彼らの悲観的な時代診断はその都度の歴史的状況から導かれたのかどうか、それともジャーナリズムのなかにつねに繰り返される一般的な主題であるのかどうか、ということも示すことになるだろう。

本書は、ザラツィンのような黙示録の予言者たちをいま少し冷静に観察する。それは、彼らがその時どきに提示してきた恐怖を与えるシナリオの、その背後に潜む政治的なメッセージや関心に着目することへの助けにもなるだろう。そのためには、さしあたり歴史の本筋ではないところで、ドイツの没落文学の主役である何人かを紹介することが有益となろう。

本書で挙げられるいくつかの事例は互いに異なっているが、没落への不安や、指導層者の退廃のせいで国家全体が崩壊してしまうことを警告する、といった主題においては一致している。とはいえ本書では、著述家たちの共通性に重点を置いた没落文学の体系的な調査は行わず、また文学というジャンルの形式にはそれほどこだわらずに概観していく。したがって、本書が提示する成果は、この百年間の黙示録じみた著作（それらの内容には、様々なニュアンスの差こそあれ、「没落」、「エリートの再生」など、つねに同じ主題群が伴っている）の不完全な系譜学とならざるを得ない。なお、本書においてティロ・ザラツィンの「労作」である『ドイツは自滅する』を取り上げる頻度は、各章のテーマによってまちまちであるが、つねに叙述の同伴者となるだろう。

読んでいくうちにわかるように、様々な作家たちの語り口や議論は、長い間にわたって似通っているだけではなく、つねに「大衆の自律性を奪い国家エリートに権力を与えよ」という要求と密接に結びついていた。そして彼らは、そのような要求を行うと同時に、あらゆる人間の自己決定能力についても、根本的な疑問を投げかけている。つまり、没落への不安を煽ること、「不平等のイデオロギー」（社会学者ヴィルヘルム・ハイトマイヤー［一九四五〜］）を貫くこと、権威主義的な支配形態を求めること——これら三つの議論は互いに緊密に結合しているのである。まさに作家トーマス・マン［一八七五〜一九五五］が、一九一七年に、現代の黙示文学者の嘆きの原型と見なすことができる『非政治的人間の考察』のなかで、次のように述べていたように。

私はデモクラシーの実現を信じていないのではなく、デモクラシーそのものを信じていない。[11]

2

ドイツの没落

劣等者の支配――オスヴァルト・シュペングラー、エトガー・J《ユリウス》・ユング、そして共和国

没落文学として最初に現れた作品は、二〇世紀前半のドイツにおいて、ライヒ［他民族を包含する「帝国」から近代の国民国家に至るまで、政治体制を超えて伏在するドイツの「国体」を含意する多義的な概念。本書では、「ライヒ」と表記する］の民主化に対して、手持ちの手段をすべて用いて対抗しようとした政治的スペクトルに根ざすものだった。特に一九一八年の第一次世界大戦の敗戦のあと、ライヒの民主化に反対する立場は急進化した。ここから生まれたもののなかで、おそらく最も有名なタイトルは、オスヴァルト・シュペングラーの『西洋の没落』だろう。同書でシュペングラーは、キリスト教文化の崩壊に関するフリードリヒ・ニーチェ［一八四四〜一九〇〇］の考察をさらに推し進め、また貴族主義的要素を歴史のなかに探求していくことを宣言した。もっともシュペングラーの宣言する「世界史の形態学」は、西洋の歴史を普遍的に解釈するという負担を背負い込んでいた。シュペングラーは、「夕べの国《アーベントラント》」［朝の国《モルゲンラント》（「オリエント」、「東方」）との対比で、「オクシデント」「西方」を指す。ただしそれは、地理的のみならず、啓蒙主義、合理主義、キリスト教、民主主義、資本主義など、知的・文化的・制度的伝統をも含意する包括的な概念である］の文化の様々な段階に即して、その興隆と崩壊のリズムにアプローチするために、

まずは古代から出発する。そこでシュペングラーが目をつけたのが、学問、芸術、「人種」とその魂《プシュケー》、そして地理的空間であった。

ザラツィンもシュペングラーと同じく、『ドイツは自滅する』第一章で、エジプトからローマ帝国と、その分裂と崩壊を経てヨーロッパの中世に至るまでの古代という時代に寄り道をし、シュペングラー流の古典文献学者じみたジェスチャーで読者に媚びを売っている。ザラツィンは、文化史における興隆、退廃、没落のサイクルのからくりを見抜き、これを現代に転用しようと試みているのである。

ローマ帝国の崩壊は、内から生じたのではなく外からやってきた。しかし外からの崩壊を阻止できなかったのは、指導者層の退廃や出生率が非常に低いといった国内的な要因があったからでもあった[12]。

もっともシュペングラー自身は、ザラツィンとは正反対に、没落を予言することには冷淡だった。なぜなら、シュペングラーは、没落を文化史に不可欠な世界の循環運動と見なしただけではなく、ドイツの勝利を固く見込んで、当面はライヒにとって大変都合の良い時代がやってくると考えていたからだった。シュペングラーは、ヴィルヘルム時代のドイツ〔皇帝ヴィルヘルム二世の親政開始以降の期間（一八九〇～一九一八）を指す」の急進的ナショナリズムに典型的だったように、ドイツを「夕べの国」の文明国ではないと見なしていた。だから彼は、「夕べの国」の文明の崩壊を落ち着き払って待ちわびていたのだ。

シュペングラーは、実際にドイツが第一次世界大戦に敗北したとき、これによって「今の時代は終わりに近づいている」という自分のテーゼが証明されたと述べている。彼は、イタリアのムッソリーニをモデルにした、新たなカエサル主義が敗戦後のドイツに出現することに賭けたのである。したがって、『西洋の没落』というタイトルが、一九一八年以降、ドイツ・ライヒの崩壊の俗受けする符号として受容されたこと自体は、あまり適切なことではなかった。にもかかわらず『西洋の没落』という定式は、それ以降の数年間に、決定的な影響力を発揮できたのである。

ミュンヘンのシュペングラー周辺の環境では、法律家エトガー・ユリウス・ユングも活発に活動していた。ユングは、一九二七年に『劣等者の支配　その崩壊と代替』と題した綱領的な著作を発表した。同書は、シュペングラーの『西洋の没落』では形而上学的な文化史のベールに包み隠されて、まだ図式的なものにすぎなかった多くのことを、具体的に整理したものだった。このユングの著作は、ヴァイマル共和国と戦うドイツ右翼にとって、エリートの問題を分析するときの中心的な道しるべとなった。ユングはこの本の刊行の時点で、すでに素性の知れぬ新米作家ではなく、政治的にはまぎれもなく、すでに頭一つ抜けた存在だった。

第一次世界大戦後、弁護士となっていたユングは、一九二四年にドイツ南西部のプファルツ地方の政治家フランツ・ヨーゼフ・ハインツ〔一八八四〜一九二四〕の暗殺に決定的に関与し、その後バイエルン州に逃亡してきていた。バイエルン自由国は、総督グスタフ・リッター・フォン・カール〔一八六二〜一九三四〕により、ライヒの「秩序細胞」として宣言されており〔カールは一九二〇年、SPDが統治する「マルクス主義的な」ライヒに対するバイエルン州の「自律性」を確保するために、バイエルン州を「国家のなかの秩序細胞」と位置づけた〕、それ以来、ヴァイマル共和国の急進右翼の殺人犯や共謀者たちの安全な避難場所と見なされていた。この「秩序」とは、このときすでにそうであったように、かつても今も様々な解釈がある概念である。

ユングが『劣等者の支配』という著作のなかで試みたのは、民主主義という社会形態が、なぜドイツ・ライヒとドイツ民族《フォルク》の存続を脅かしているのか、ということを体系的に証明することだった。[13] 今日ではほぼ、学術サークルのなかでしか知られていないユングの『劣等者の支配』は、それが書かれたときの歴史的な状況が現代とは全く異なっており、また互いの経歴も異なるにもかかわらず、ザラツィンの『ドイツは自滅する』との驚くべき類似性を示している。

ユングは『劣等者の支配』のなかで、ドイツ・ライヒの人口動態の現状について、詳しく思案をめぐらせている。統計と原則的な政治的考慮で満たされているユングの書は、ライヒの崩壊を警告する意図を持って書かれたものであり、一九三〇年には新たな経験データを詳細に補足した改訂版が出された。[14] その改訂版でユングを落ち着かない気分にさせたのが、まだできたばかりの、しかし人気のあった、いわゆる人種衛生学の「学説」だった。しかしその一方で、ユングには、人種衛生学が学問的に基礎づけられた「より価値の高い者」の育成法を教えてくれているようにも見えた。

ユングの考えでは、喫緊の政治課題はドイツ人の遺伝器質を継続的に改善することにあった。ユングは、綱領として提示した「ドイツの民族と国家を内側と外側から再生するための基本方針」において、次のように書いている。

共同体で行うあらゆる活動の目的は、民族体《フォルクスケルパー》の維持と強化である。民族体の健康のみが、国家、法、文化の健康を保証する。人種の劣化を阻止し、価値の高い民族の構成要素を育成し、劣等なものを抑え込まなければならない。移民の出入りはこうした観点からも規制されることになる。[15]

ユングは詳細な図表を用いて、ドイツ人の遺伝的な遺産を育成することがいかになおざりにされてきたのか、そのことがなぜドイツ文化をすぐにも没落へと導くことになるのか、ということを示した。ドイツの文化的な遺産を今後も存続させるという目的のために、ユングは「人種衛生学」を参照して次のような説明を行った。

遺伝器質とは、言ってみれば物質的な土壌であり、その上で文化が成長し、それによって文化が基礎から規定されるのであって、文化は決して遺伝器質の可能性を超えることができない。たとえば、仮に今後ドイツ人の子どもが生まれず、ドイツ人の全世帯が中国人の子どもを養子にしたとしよう。そうであっても、ドイツ文化はその道徳や慣習のおかげで、まだ数世代の間は保つことができるかもしれない。しかしその後、ドイツ文化は救いようのないほど枯渇するだろう。[16]

つまり、ドイツ文化に関するユングの懸念は、とりわけドイツ文化の源泉であるドイツ人の遺伝器質に関する懸念なのである。したがってユングの見解では、「ドイツ文化の担い手である、生き生きとした血統を有する生気的人種《ヴィタールラッセ》［人種衛生学で「遺伝的に健全」とされる人種を指す］を保護するために国家が取るべき措置は、グレゴール・ヨハン・メンデル［一八二二～一八八四］の遺伝学を志向しなければならない、ということになる。そして、ドイツ人という「生気的人種」を「人種の衰微《すいび》という内からの危険と、本質的に異なる血との人種的混交という外からの危険」という二つの危険から体系的に守らねばならない、としている。

人種の育成に役立ち、害悪を取り除く措置を正しく評価するためには、最も重要な遺伝法則の知識が必要不可欠である。[17]

ユングの時代の優生学の文献は、専門家にとってすらすべてに目を通すことができないほど膨大である。しかし優生学の分野での調査の進展によって、こうした引用文やこれに似た文章が他にもあったことが明らかになっている。「ドイツ人の遺伝器質」の保全と改善、「劣等者の」影響力の除去を主張したユングの思想は、ユングと同時代の社会ダーウィニズム〔ダーウィンの生物進化論を社会現象に適用して説明しようとする立場。特に社会進化における自然淘汰説を主張した〕の枠組みのなかで展開されていた。

にもかかわらず、ユングは、同時代の似たような議論からいくつかの点で際立っていた。たとえば、ユングが他の学者たちに比べて異質な点として、明らかに政治的環境下で活動していたことが挙げられよう。他の学者たちは、部分的にはユングの思想を共有していたかもしれないが、ユングは自らの思想を断固として政治的立場から表明していた。ユングの『劣等者の支配』は明確に、民主主義の克服と、権威主義的に組織され、エリート階級によって支配された国家の創設を促しているのである。

ユングは、同時代人から「乗馬愛好家《ヘレンライター》」〔貴族出身で巧みな馬術で知られていたヴァイマル末期の首相フランツ・フォン・パーペン〔一八七九〜一九六九〕の渾名《あだな》〕と揶揄された政治的環境《ミリュー》の近辺で活動していた。ユングが支援したフランツ・フォン・パーペンは、貴族、財界人、政治家たちが社会的・政治的影響力を行使するために組織した「ドイツ紳士クラブ」〔ヴァイマル時代の、反民主主義、反共和国といった志向を有する保守派の政治団体〕の黒幕だった。したがってユングは、イデオロギー的にも人脈的にも、極めて厳密な意味で国粋主義的かつ反民主主義的なネットワークのなかにいて、ヴァイマル共和国とはその建国当初から戦っていたのである。

さて、ユングとザラツィンの著作にはいくつかの驚くべき類似性がある。この類似性は、両者の議論の方向性のみならず、人間は不平等であるというイデオロギーや、人間の「価値」が「遺伝器質」と結びついているとするイデオロギーを確立するために行われた、詳細でありながらも選択的な経験データの取り扱いにおいても見られるものだ。

さらに両書の細部にも似たような点がある。ユングもザラツィンも、外部からの影響や刷り込みは、個人の能力を発達させるためには二次的な要素にすぎないと見ており、その代わりに才能の遺伝性を強調する。ザラツィンは、この問題に関して誤解の余地なくこう書いている。

知的な能力は、メンデルの法則の支配下にある。[18]

このように確信するザラツィンは、大学人たちの無子《キンダーロージヒカイト》を嘆く。無子とは、ザラツィンの、優生学から導かれた文化ペシミズムの中心的議論の一つであり、ユングにもこれに対応するものが見受けられる。

ユングは、ザラツィンと同じく、中世の教養あるカトリックの聖職者の独身性が、ネガティヴな「逆淘汰」〔優生学において「劣等者」の人口に占める比率が増加し、「優等者」の比率が減少する現象を指す〕をもたらしたという理論を支持している。そして、同時代の教養階級が独身であったり、子どもがいなかったりすること（もちろんユングはこのことを統計的に裏づけている）のなかに、「逆淘汰が激化している」さまを見出している。

ユングは、「民族の遺伝器質」が重大な危険にさらされていることを、とりわけ大都市のなかに見出す。彼にとって大都市とは、「心的・霊的な崩壊」の発生源であり、「出生率の低下の主たる場所」であった。[19] ユングは、国民的な「エリート」を無子へと導こうとする近代的な生活の諸要素、すなわち女性の解放、自己決定、都市文化、あるいは、彼の時代ではまだほんの些細なものでしかなかったが、国家による下層階級への物質的援助などが、ドイツ人の自滅への階梯《かいてい》だと見ているのである。

当時の人種主義的・優生学的な議論に即して言えば、ユングの本に特別なことは書かれていない。大都市に住む「文明化された人間の不妊」については、すでにシュペングラーが嘆いていた。[20]特に労働者、遺伝病、ユダヤ人に対して向けられた「人種改良《アウフアルトゥング》」措置をユングが推奨したのも、ある種、社会ダーウィニズム思想によく見られた野蛮さに倣ったものにすぎなかった。ユングは、手間暇かけて作られた統計を使って、ドイツ民族が次第に老化し、徐々に萎縮していくことを証明した。そして、「出生率が衰えてしまった帝国ドイツ民族の高齢化」を、戦争賠償や「私たちの敵によって行われる（あらゆる）経済的な妨害行為」よりも、もっと大きな危険だと考えたのである。

またユングによれば、軍事的に見ても「高齢化は、強制されたヴェルサイユ条約で課せられたあらゆる軍備制限より」取り返しのつかない結果を招くものであった［ドイツは一九一九年六月に、第一次世界大戦に関する連合国との間で結ばれたヴェルサイユ条約において、フランスやポーランドなどへの領土割譲、ライン川左岸の非武装化、戦争責任を根拠とする巨額の賠償などのほかに、数多くの軍備制限（徴兵制廃止、陸軍一〇万・海軍一万六五〇〇への兵力制限、航空機・潜水艦の所有禁止など）を課された］。なぜなら、仮に六年後までにヴェルサイユ条約のすべての制限が解かれるとして、その時点で軍備を担うにたるほど十分な若年層が、もはやライヒからいなくなってしまう時代が始まるからである。ここに、第一次世界大戦後の帝国ドイツ人世代の悲劇があるのであった。[21]

ユングは、ドイツのこうした人口動態の衰退を、民主主義の快適さの直接の結果と見なし、すでに一九二七年の時点であらゆる外的な脅威よりも恐れていた。つまり、すでにユングを含む当時のドイツの著述家たちは、東方《オリエント》からやってくる労働移民の時代よりも以前に、ドイツ民族の生物学的な実体への懸念（『劣等者の支配』では、この懸念は軍事的な能力よりもむしろ経済的な能力に結びついていたが）に駆り立てられていたのである。

ここで目にとまるのが、同じように退廃、軟弱化、快適さとされるものを取り上げる今日の議論との類似性である。もし仮に、近い将来にドイツから軍備を担いうる若年層がいなくなるというユングの予見に従ってみた場合に、第二次世界大戦という来たるべき戦乱の時代の、ドイツ人の犠牲者数を勘案してみるならば、ドイツ人は二〇世紀のうちにとっくに消滅してしまっていただろう。しかし、ユングは全く異なる歴史的背景を前提として議論している。そして、大幅な領土喪失を伴う第二次世界大戦の敗北にドイツ人が直面するのは、まだ先のことだという事情に鑑みれば、次のような印象が強くなる。すなわち、ここで言われている不安とは、歴史的な状況にあまり関係がなく、むしろ国粋主義的な政治的基本姿勢と大いに関係するものだった。「特定の人間集団には、文化的能力が欠如していることが生物学的に定められている」とする根本的な思い込みが消えない限り、この種の議論はつねに繰り返される危険がある、ということでもある。

ユングは、自らの社会ダーウィニズムの世界観にふさわしく、ドイツ・ライヒの新たな国制となったヴァイマル共和政との激しい闘争に身を投じていった。一九三二年、ユングの戦友であり、ユングが政治顧問を務めるなど親しい間柄にあったフランツ・フォン・パーペンは、独裁的に行動できる首相となり、じりじりとヴァイマル共和国を死に追い込んでいくことに加担した。古いエリートの代表者からなるパーペンの「男爵内閣」［一九三二年六月成立のパーペン内閣では、貴族出身者が多く登用され、その前時代的な人選のためにこう揶揄された］はすでに、「選良による支配」というユングのヴィジョンと極めて近いところにあった。

ユングは基本的に、歴史的に形成されたドイツの社会階層は、素晴らしい淘汰を行ってきたという考えを持っていた。そして彼は、階級社会とは、最も支配能力がある人びとが、現実に支配を行うことを保証してくれるものであると考えた。もっとも、エリートが国家を指導するというユングの理念は、ヴィルヘルム期のライヒの没落を引き起こしたのが、まさにそのドイツのエリートたちだったということを無視するものだった。

ユングは、権威主義的で、明確な階級組織を持つ身分国家を待望し、これを優生学的に根拠づけることすら行った。

身分を超えて、有能な者全員に社会的上昇への道を拓くことは、種全体を死滅させる危険がある。これは、人種衛生学と健全な民族政策の立場からは、全く望ましいことではない。身分制を保持して、新たな力がみなぎる健全な土壌を広範な下層階級のなかに保たねばならない。[22]

しかし、この新たな力が権威主義的国家の強固な身分秩序のなかで、一体どこに向かうことになるのかについては、彼の身分社会の構想ではうやむやのままになっている。

＊

ユングのこのような政治的な考察は、エリート主義的な大衆敵視のプログラムは産業社会のなかでどのようにして実行すべきなのか、という問題に必ず突き当たる。実際に、ユング、フランツ・フォン・パーペン、そしてそのほかの三〇年代に台頭した新たな権威主義の代表者には、大衆を政治的に統合する能力が欠けていた。この欠点がようやく補完されたのは、パーペンが一九三三年一月にナチ党との連立に応じて首相アドルフ・ヒトラー［一八八九〜一九四五］の副首相となったときだった。

ここで、これまでのエリートによる支配とカリスマ的な大衆調教師とを橋渡しするモデルとなったのは、ベニト・ムッソリーニだった。ナチ政権が成立したのと同じ一九三三年、ユングはなおも『ドイツ革命の意味解釈』（一九三三年）の序文でムッソリーニに取り入ろうとした。この結びつきは当然の帰結であった。というのも、エリートによる委任独裁［C・シュミットの分類による独裁の一形態。現行憲法体制が戦争などによって存立を脅かされた場合に、憲法に定められた機関の全権委任に基づき、憲法の防衛を目的として一時的・例外的に行われる独裁を指す。自己制約的性格を有するため、恣意的な専制体制と異なるとされる］というユングの「新国家」理論は、一九二〇～三〇年代にかけてヨーロッパ各国に出現した、ヨーロッパ・ファシズムのドイツ的変種とも見なしうるからである。

ユングはこれによってナチ党を凌ぐほどの強い影響力を誇るドイツ右翼の代表者となった。政権獲得直前のナチ党の党勢は伸び悩んでおり、当時のドイツ人の政治的記憶のなかで霞みつつあったからだ［政権掌握直前の一九三二年一一月に行われた選挙では、ナチ党は同年七月の選挙に比べて、得票率を4％程度、議席を34議席減らした］。

もっとも今日では、ユングはヒトラーによって粛清された保守主義者として美化されることが多い。というのも、ナチ党の権力者たちは、自分たちの独裁のための誠実な下準備をしてくれた『劣等者の支配』の著者ユングに対し、恩を仇で返したからだ。

ユングは、一九三四年にナチ党が単独でライヒの統制を強めようとしたことを咎めたフランツ・フォン・パーペンの「マールブルク演説」［ユングが起草し、パーペンが一九三四年六月一七日にマールブルク大学で行った演説。突撃隊の横暴や、ナチ党の言論統制や反民主主義的政策を批判した］の執筆者と見なされていたため、同年六月三〇日の「レーム事件」［ヒトラーが突撃隊隊長エルンスト・レーム（一八八七～一九三四）を中心とする党内の反ヒトラー分子、左派分子を粛清した事件］の「粛清の波」の犠牲者の一人となった。ユングがナチ党員によって射殺されたのは「まことに謂れなき」ことだったと、保守主義の哲学者アウレル・コルナイ［一九〇〇～一九七三］は亡命先から痛烈に論評している。[23]

いずれにしても、処分したヒトラーたちナチ党指導部やナチ親衛隊（ＳＳ）が、そもそも自分たちの味方だった保守派を党内部の不平分子として処分するなかで、ユングが意図的に殺害されたのかどうかは定かではない。他方、その当時まだ厳格な保守派が支配していた国防軍では、この粛清は歓迎された。なにしろ国防軍はこの粛清によって、煩わしいレームを厄介払いできたからだ。またユングの戦友カール・シュミットもパンフレットでナチ党によるユングの殺害行動を擁護した。「総統は法を守り」、ユングの未亡人はＳＳから特別年金を受け取っている、と。[24]

したがって、ドイツの急進右翼が権力に至る途上で起こした保守派内の跡目争いの一例として見る以外、ユングの殺害を保守主義が国民社会主義《ナチズム》に毅然と抵抗した証拠と見なすのは、ほとんど不可能なのである。

没落への欲望――フリードリヒ・ジーブルクの失われた品格

ユングと同様に、「極めて密やかなものであったが、おそらくナチズムの敵だった」という勘ぐりをかけられているのが、もう一人の没落の擁護論者、エッセイストのフリードリヒ・ジーブルクである。今日ほとんど忘れられているこの名前は、西ドイツの精神生活と不可分に結びついていた。

ジーブルクは五〇年代半ば以降、「フランクフルター・アルゲマイネ新聞」の文芸欄の編集責任者として活躍し、無視できない影響力を誇った。文芸評論家マルセル・ライヒ＝ラニツキ［一九二〇～二〇一三］が回想録で書いているように、ジーブルクは、「ドイツでもっともユニークかつ有力な文芸批評家であると同時に、この業界では昔からそうだったように、もっとも評価の分かれる文芸批評家であった。明らかに保守的な文筆家、兼ジャーナリストであり、新しいドイツ文学とりわけ左翼文学を、軽蔑とはいわないまでも断固敵視していた」[25]。

ジーブルクは、これまで本書で観察してきた黙示文学《アポカリュプティーク》［前述の「没落文学」と同義で使われている」と嘆き節と文化ペシミズムとを混ぜ込んだ、ごった煮のようなものをエッセイや本にして多数売り上げ、そのなかからはベストセラー本も誕生した。

この作家は、この時点ですでに大いに成功する可能性のある伝記を書きうるだけの経歴を持っていた。歴史家、作家のヨアヒム・フェスト［一九二六～二〇〇六］によれば、ジーブルクは学生時代にマックス・ヴェーバー［一八六四～一九二〇］や「ゲオルゲ・クライス」［一八九〇年代に、詩人シュテファン・ゲオルゲ（一八六八～一九三三）の周りに集まった詩人、芸術家、学者のサークル］とつながりがあり、その後、雑誌『ディ・タート』［「保守革命」の一派「青年保守派」の機関誌と目され、同誌に集った知識人サークルは「タートクライス」と呼ばれた］や、ハンス・ツェーラー［『ディ・タート』の編集責任者で、「タートクライス」の中心人物。一八九九～一九六六］の周辺にも身を置いていたという。

ジーブルクは、戦間期にエッセイストとして高い名声を得ており、このおかげで彼に「第三帝国」での魅惑的なキャリアが開かれた。ナチ時代、ジーブルクはドイツ外務省で外交官兼宣伝家として活動したが、その活躍ぶりは並大抵のものではなかった。歴史家ペーター・ロンゲリヒ［一九五五～］の叙述によれば、ジーブルクは戦争が始まる直前の一九三九年に、新たに創設されたドイツ外務省の情報部に加わった。この情報部は、「マスメディアが（ドイツの利益には）ぜひとも重要であること」[26]を、著名なジャーナリストたちを通じて知らしめるべく設置されたものだった。一九四〇年以降、ジーブルクは、ブリュッセルのドイツ大使館の報道担当特別代表となり、次いでフランスへと拠点を移した。

フェストによれば、ナチ党の同志となったジーブルクはナチスを侮蔑していたというが、「第三帝国」という舞台やエリート外交官という環境が、彼の自己顕示欲を満たすものだったことは明らかである。

実際、ジーブルクは、ライヒの利益にとって素晴らしい人選だった。すでに一九三三年以前に国際的な名声を博していたジーブルクは、鋭い時代の観察者であり、卓越した文章家だった。ジーブルクは以前よりナチ党の反ユダヤ主義を批判しており、検閲の犠牲者となっていた。もしジーブルクがナチ時代に亡命していたならば、彼はその知名度と世渡りの上手さゆえに、亡命者たちのなかで大歓迎を受けていたかもしれない。

しかしフェストが伝えるところによると、ジーブルク自身の虚栄心や、彼が称賛した個性とは相反する制服やドラマティックな演出に対する彼の偏愛が、ジーブルクを熱心な体制奉仕者へと変貌させた。そして外国に相対したときには、その偏愛がジーブルクを「第三帝国」への信仰へと駆り立てたのだった。また、あからさまにエリートぶったジーブルクの基本姿勢も、彼のキャリア選択の決め手となったのだろう。

フェストによる作家ジーブルクのポートレートには、ジーブルクは確かに「ナチではなかったが、やはり特上の協力者《コラボラトゥーア》」だったという、ある同時代人の的確なコメントがしっかりと引用されている。[27]

いずれにせよ、ジーブルクがナチ期に「大ドイツ」［ナチ政権による一九三八年三月のオーストリア併合以降、公的に用いられるようになった「大ドイツ帝国」を指す］に加担したことは、戦後になって彼の不利益となることはほとんどなかった。そして戦後のジーブルクは、指導的な文芸・文化批評家として、敗北と分断という憂き目にあったドイツ国民の自己憐憫に集中的に取り組んだのである。

彼の、戦後のエッセイを集めたもののなかで、大きく注目された『没落への欲望』のある章には、「ドイツ人たる技法」というタイトルがつけられている。ジーブルクはここで、ドイツ人のなかにある不安を言葉巧みに批判し、同時に黙示録という鍵盤を卓越した技量で演奏したのであった。

以前の「支配人種」たるドイツ人が、狭量な俗物に成り果ててしまったことを嘆いた『没落への欲望』は、いわば『ドイツは自滅する』のジーブルク版とも言えるものであった。このなかでジーブルクは、自身が西ドイツに表面的にしか歓迎されていないことを隠そうとしなかった。彼の嘆き節は、ところどころにシュペングラーの主題を使用した。すなわち、ドイツ人が冷戦期に「ブラウンシュヴァイクとエッセンの上空にきのこ雲[28]」が立ち上ることを恐れ、核戦争に怯え始めたとき、ジーブルク自身が愛し、また恐れもした、かつてのドイツ人というファウスト的な精霊《デーモン》たちが、いまや悲しいことに飼いならされてしまったことを見て取ったのである。

ジーブルクは、崩壊した帝国《インペリウム》の構成員だったドイツ人が、一九四五年以降、活動の焦点を世界史から私的領域へと、誰にも気づかれずひっそりと鞍替えしようとしたことが許せなかった。ジーブルクにとって、核戦争に対するドイツ人の不安は、自分たちの生活のなかの、全く取るに足らない心配から生じたものだった。ジーブルクはこう言っている。

一つ確かなことは、彼（ドイツの偉大な設計者）が、私たちのことを嗤《わら》うということだ。彼は、私たちがこれほど多くの冗談や自己満足で自らの破滅を覆い隠そうとしていることに驚くだろう。さらに彼は、「集団としての絶滅は不可避だが、個人としてはなんとしても絶滅を逃れたい」というドイツ人のことを、嘲笑するだろう。これはおそらく、大衆化して個性を失った人類が、なおも個人性というものに固執する唯一のケースだろう。[29]

ジーブルクにとって、ドイツ人の衰退は、アメリカとソ連という二つの強国にはさまれた、

「残滓《ざんし》のドイツ」と彼が恥じた、戦後の民主主義体制から始まった。ジーブルクによれば、戦後民主主義の硬直性は、国家から神話を奪い、あらゆるものを秩序づける市民的な退屈さのなかで、すべてを窒息させるものであった。

ヨシャファトの谷［ヘブライ語聖書の終末予言において、最後の審判が行われるとされる谷］にはお買い得な週末用のミニ別荘が建てられ、最後の審判には礼儀やマナーを弁えない人間を静粛にさせる裁判長が鎮座し、事と次第では永遠に続くかもしれない地獄でさえ、コネと上手な立ち振る舞いで耐えられるように作られた災厄となって現れる。[30]

アデナウアー時代［一九四九～一九六三年］の復古主義的な休息への欲求《ルーエベデュルフニス》［五〇年代半ばの高度経済成長期のドイツにおける、政治を忌避し私的領域に閉じこもろうとする世相を表した言葉］は、すでに引退した身ではあったが、ナチ時代にはフランスでライヒの文化面における広告塔という特別な地位にあった世渡り上手のジーブルクにとっては、虫唾《むしず》が走るものだった。彼は、西ドイツの暫定的性格に苛立ち［ドイツ連邦共和国（西ドイツ）は、一九四九年の建国に際して、憲法（Verfassung）に相当する法律を、将来のドイツ統一までの暫定性を強調する意味を込めて「基本法（Grundgesetz）」と呼称した］、ドイツから偉大さや理想主義が失われたことを嘆き、奇跡の経済復興を成し遂げた国のなかで、物質主義に白旗をあげてしまったドイツ人たちを激しく非難した。

ジーブルクの見解によれば、一九四五年のプロイセン領［東プロイセン、ポメルン、東ブランデンブルクなど、ドイツが敗戦で失ったオーデル川以東の州や領土］の放棄と国民感情の毀損は、文化の埋葬とボンの「田舎根性」をもたらした。[31] 彼にとって、西ドイツは批判精神《エスプリ》のない国だった。なぜなら「ドイツには実際にエリートがいなくなってしまった」からだった。

ジーブルクは、ドイツの戦後文学に対して不満を述べるときですら、崩壊したかつての大国ナチ・ドイツを代表していた人間としての皮肉を言葉のなかにたっぷりと込めた。彼に言わせると、ベルリンが政治の中心ではなくなったことがドイツ人の方向感覚を失わせ、その喪失による苦しみが、同時代の戦後文学が示すとおり、現在のドイツ人の本質となっているというのだ。

> 田舎くさい想像力に自ら進んで固執することで、私たちの使うドイツ語は色あせていき、私たちの所作から率直さが奪われ、私たちの外交政策の想像力が狭まり、私たちの本来の姿がぼやけてしまった。それがつまり、現代ドイツ文学などと自称する、嘘で塗り固められた混乱を生み出す原因となっているのだ。批判的な基準を確立し、価値を固定す

ることを可能とする中心的な支えなくしては、偉大な民族は繁栄できない。[32]

ドイツ人とユダヤ人はその国民的性質や国民が被《こうむ》った悲劇の点で類似している、とジーブルクは『没落への欲望』で評価を下した。ジーブルクがドイツ人とその犠牲者たるユダヤ人とを同列に置いたことを、彼が退屈だと罵った同時代のドイツ人読者たちは当然のことながら歓迎した。この読者たちは、戦時には世界支配に熱狂したドイツ人が、アデナウアー時代になってから、ある種のマゾヒズムすら伴う卑屈な順応性を身に付けたと批判するジーブルクの評論を好んだ。いずれにしても、ジーブルクの「フランクフルター・アルゲマイネ新聞」での活動も評論活動も、結局は言葉巧みに人を糾弾する術に長けた『没落への欲望』に集約されるものだった。つまるところ彼の文筆活動は、彼の本の売れ行きに貢献するためのものでしかなかったのだろう。なぜなら、『没落への欲望』は戦後のベストセラーの一つとなったのだから。

大衆の反逆——オルテガ・イ・ガセットのエリートへの憧れ

社会の最上層部で「第三帝国」を体験し、一九四五年以降、フランスにおけるドイツ文化の代表者として有していた特権が失われたことを痛切に感じていたジーブルクにとって、個人の平準化こそが民主主義の巨大な罪（ファシズムの罪ではなく！）だった。ジーブルクの考えでは、西ドイツ社会を特徴づけていた田舎根性と中庸さは、偉大さというものを知らないリベラルな近代の特徴であった。

この種の議論は、戦後の保守主義者による文化批判のなかでよく行われたものだった。これに応じて第二次世界大戦後のドイツ世論は、エリートの消失を嘆いたスペインの哲学者オルテガ・イ・ガセットの『大衆の反逆』というタイトルの本に惹かれていった。すでに一九二九年に書かれていた同書は、世界中で行われてきたヨーロッパ文化の覇権を求める声の最後の高まりを物語るものだった[33]。ドイツでこの本の初版が刊行されたのは一九三一年だったが、ドイツ語圏での受容が頂点を迎えたのは第二次世界大戦後のことである。

この「大衆の反逆」というタイトルも、シュペングラーが語った「西洋の没落」のように、たびたび引用される文句となった。著者のオルテガは西欧社会の民主主義による平準化を嘆いており、この点もシュペングラーと似ているが、「歴史を徹底的に貴族主義的に解釈すること」という対抗コンセプトを主張した[34]。またこの著作では、指導者層が失墜してしまったことへの嘆きが主要なモチーフとなっており、それが様々なヴァリエーションで奏でられている。

オルテガは、近代をあらゆる軛《くびき》から解き放たれた、すべてを貪り尽くす基盤であると特徴づけた。

大衆は、異なるもの、卓抜なもの、個人的なもの、資質に恵まれたもの、選ばれたものすべてを滅ぼす。「みんな」と違う人、「みんな」と同じように考えない人は、排除の危険にさらされる。この「みんな」が本当のみんなを表していないことは明らかだ。「みんな」とは通常、大衆と、大衆とは異なる考えを持つ特別なエリートとの複雑な統一体であった。しかし、今日、「みんな」とはただ大衆をさすだけである。[35]

とはいえ、たとえば『西洋の没落』でシュペングラーが国家を中心に考えていたのとは異なり、オルテガにとっては、平等主義的な傾向を持つ近代国家こそがヨーロッパ文化に対する最大の脅威であった。シュペングラーが、公共団体の厳格な組織化とすべての住民層への国家機構の拡充を夢見たのに対し、オルテガは、そうした公的機関が市民革命の過程で肥大化してしまうことを警戒した。オルテガが述べているように、「国家」という名の船は、初めは貴族によって創設されたが、貴族の不合理な支配のために、すぐになおざりにされてしまった。そして一八世紀末以降、成長する市民層《ビュルガートゥム》「市民《ビュルガー》」は、（貴族や農民から区別された身分的な）都市市民、（法のもとでの平等が保障された政治的な）国家市民、（資本主義社会の上位の富裕層という経済的な）経済市民、（古典的な教養を備えた文化的な）教養市民など、多義的な意味を有する歴史概念である。本書では、とりわけ一九世紀初頭から二〇世紀初めのドイツにおいて、政治、社会、文化の各分野において圧倒的な影響力を誇った支配エリート層「教養市民《ビルドゥングスビュルガー》」の意味でしばしば用いられる。訳者解説参照」という名の「大洋を航海する」かのようにたゆたってきた[36]。この市民層が権力を獲得することで、彼らを優遇する政治構造を持つ市民的国家も、重要性を増していった。オルテガによると、組織が拡大し、完成に近づいていく近代国家には、肥大化へと向かう傾向が内包されている。オルテガの憂慮を総括するならば、行政が漠然と拡大していくなかで、主体は没落の脅威にさらされる、ということになろう。

ここでオルテガは、反動的なノスタルジーに浸るわけではなく、また時間軸を前世紀の社会形態の時代に戻そうなどとも全く考えていない。彼は技術的・文明的な発展を歓迎しているし、それによって手に入れた成果はあくまで手放そうとはしない。その一方でオルテガには、一九世紀という時代は、大衆とともに、文明を通じて苦労して手に入れた快適な生活を脅かす「反逆する人間たちのカースト」[37]を生み出した時代とも映った。彼は、二〇世紀の市民的民主主義世界のことを、古きエリートたちが自ら招いたプロセスの終局点であると見ていた。

オルテガは、大衆の反逆に伴うニヒリズムの危険を払拭するために、ヘーゲル［一七七〇～一八三一］やオーギュスト・コント［一七九八～一八五七］やニーチェを喚《よ》び出す。そして、巨大な大衆というのはつねに存在していたが、それが次第に西欧の文化の基盤を危うくするような立場に進んでいったと述べる。オルテガは、この大衆に対する不快感を、突然の転換で調和が壊された舞台をメタファーにして捉えようとしている。

この人の群れが、突然目に見えるものとなり、社会の最良の場所を占めてしまった。この群衆は、以前ならたとえ存在していても、社会という舞台の奥にひっこんでいたので気づかずにいたのだが、いまは脚光を浴びる場所にしゃしゃりでてきた。群衆が主要人物となったのだ。もはや主役というものはなく、あるのは合唱団だけとなった。[38]

オルテガは、この惨状の原因を、本来はエリートのためだけにあった物質的な財を、今日では大衆が所有する状況になったと述べる。その結果、大衆は真のエリートに「尊敬と服従」を捧げることを拒否し、政治においては、その立場に取って代わろうとすらするようになったのである。[39] そして、社会保障と豊かさによって創り出された、この新たな「大衆の帝国」の産物が、「超民主主義」ということになる。[40] オルテガが悲哀を込めて市民的エリート民主主義の原初形態に想いを馳せるとき、その具体的な政治イメージにおいて、オルテガはユングに接近する。そして、大衆はさらにこの市民的エリート民主主義のなかで、政策綱領を策定する権限を不当にも行使してしまった、と述べるのである。

普通選挙は、大衆に決定する権利を与えるのではない。いずれかのエリートの決定に賛同する権利を与えるということである。[41]

もちろんオルテガは、自分たちが今後も退化しつづけていくことを嘆くこと自体が、文化史のなかでいつも繰り返される主題であることをはっきりと認識している。何世代にもわたって文化が徐々に衰退していくという議論は、ザラツィンが今日ふたたび予言しているように、つねにエリート論者たちを魅了してきた。大衆の時代における貴族的人間の消滅を嘆くこのスペイン人は、これについてローマ帝国の生命力の減退を嘆いた古代ローマの詩人ホラティウス［紀元前六五〜紀元前八］を引用する。

われらの祖父よりも劣ったわれらの父が
さらに劣等なわれわれを生んだ
われわれはもっと無能な子孫を生むことだろう[42]

このときオルテガは、古代ギリシャ・ローマでは文化が完成したあとに衰退が生じるとはっきり理解していた。

われわれの時代は充実した時代の次にやってきた時代である、ということを忘れてはならない[43]。

これに対して、今日の衰退を予言する者たちは、自分たちが唱える没落というのが、終わりゆく二〇世紀のいたるところで勝利宣言が行われた、例の「歴史の終わり」の一つの帰結であると見る冷静さに欠いている。以前の予言者たちと違って、現在の予言者たちには深い反省がないのである。オルテガは少なくとも、社会的・経済的水準の全般的な上昇が、社会の平準化の最も重要な原因の一つだと見ようとしていた。

今日大衆に開かれている人生の可能性は、以前にはもっぱら少数のひとのためにとっておかれた人生の可能性の大部分と一致してしまっている[44]。

オルテガは同時代の最大の弱点を、大衆がエリートと同じ人生を望めるようになり、その優越感で思い上がったために、現実を認識することができなくなった点に見ている。それゆえに彼は、エリートもその責任を免れないと考えている。なぜなら、エリートはこの大衆化のプロセスから経済的な利益を得ているため、エリート自身がプロレタリア化していっていることや、社会がますます知性を失っていっていることに対しても共同責任を負っているからである。

今日の世界には計画も目標も理想もないからといって、驚くにあたらないだろう。それらのものを用意しておいてくれる人など誰もいなかったのだ。つねに大衆の反逆の裏面であるエリートの逃亡は、このようにして起こったのだ。[45]

＊

こうした大衆の反逆とエリートの逃亡というオルテガの時代診断は、多くの点で今日とも無関係ではない。それは的確に表現されており、あらゆるペシミズムのなかにある大衆社会の急所を言い当てたものだった。それゆえにアドルノ〔第1章17ページ参照〕は、オルテガの「人をいら立たせる考え[46]」を、保守主義者による文化批判であり、かつ記述的な議論を行うエリート論の短絡思考の好例であると考えたのだ。

アドルノは、文化批判を行う他の保守主義の代表者たちと同じく、オルテガの『大衆の反逆』でも、社会的な権力関係が十分に考察されていないと考えた。つまりオルテガは、文化の衰退の社会的な「生成発展」を考慮しておらず、文化の衰退のプロセスへの責任を最も脆弱な層に転嫁しているのである。だからオルテガのエリートの「逃亡」というテーゼも、アドルノの反論を通せば異なる印象が生じてくる。アドルノによれば、「意識が「構造的に」下層階級に順応したことが確認」されると、「暗黙のうちにこの順応の原因が、下層階級や、下層階級による大衆民主主義の解放のせい」とされるからである。[47]

この結果、オルテガは、純粋な大衆運動としてのファシズムを、自らのエリート的なファシズム解釈に組み入れるという、まさしく典型的な保守主義者の過ちを犯してしまう。オルテガはこの診断を基に、ジョルジュ・ソレルの理論については公正に扱おうとするものの、具体的なファシズム支配に関しては、誤ってこう書いてしまう。

サンディカリスム［労働組合主義］とファシズムというラベルのもとに、はじめてヨーロッパに、理由を述べて人を説得しようともしないし、自分の考えを正当化しようともしない、ひたすら自分の意見を押しつけるタイプの人間が現れたのである。これは新しい事実だ。理由を持たない権利、道理のない道理である。この新しい事実のなかに、私は、資格もないのに社会を支配する決意をした新しい大衆のあり方の、もっとも顕著な特色を見るのである。[48]

ファシズムが政治の舞台において、特にその決然たる暴力行動において抜きん出ている、というオルテガの考察は、極めて的確である。しかし、ファシズムの名のもとで大衆が社会を導くという主張は、現実とは全く逆であり、歴史は正反対の方向に進んだ。実際には、ファシズム運動は、どこにおいても保守エリートと同盟を結んで権力に至ったからである。ファシズムが権力を獲得する際に、大衆に支えられていたのは確かであるが、ファシズムの構造は依然として厳格な階級構造であった。ファシズムの身分構成は、政治的主体としての大衆ではなく、支配する対象として大衆を必要としていた。せいぜいファシズムの支配者層内部で、台頭してきた党幹部に対して伝統エリートが危険を賭して戦い、そして敗れる、といった派閥闘争が生じた程度だった。

しかしオルテガのファシズム考察では、ファシズムを支える大衆しか考察されておらず、それではファシズム現象とは単なる民主主義革命の帰結にすぎない、ということになる。つまりオルテガの考察は文化の危機面だけしか見ておらず、どのような行為主体《アクター》の社会的利害が危機をもたらしたのかについては、それ以上言及しない。オルテガが見落としているのは、まさにこうしたファシズムと大衆の関係の微妙なニュアンスであった。

このファシズムと大衆の関係をもっと明確に洞察していた人がほかにいる。たとえばジョルジュ・バタイユ［一八九七〜一九六二］は、ヨーロッパ・ファシズム黎明期の時代の証人であったオルテガよりも、ファシズム・エリートが求める支配についてははるかに的確に述べていた。バタイユによれば、ファシズムの源は、社会の民主化ではなく、むしろ近代の枠組みのもとで大衆を再び支配の対象にしようとするエリートの衝動のなかにあるという。指導者層と大衆との距離、指導者層の偉そうな態度が、エリートの卓越化《ディスタンクシオン》［P・ブルデュー（一九三〇～二〇〇二）の概念で、個人または集団が他者と自己を区別することで自己の承認を得ようとする行為を指す］への衝動を示している。

> 人間が人間を支配するという単純な事実は、少なくとも主人が支配者である限り、主人が異質であることを含意している。主人が自らの権威を正当化するために、その本性や個人的特性を根拠にすれば、それは合理的な釈明を果たすことができないうえに、その本性が全く別ものであることを示していることになる。[49]

まさにファシズムにおいては、社会は無自覚に行動したのではなく、社会はエリートによって導かれたのである。したがって、大衆が政治を征服したというのは、ファシズムの歴史的前提ではあったが、ファシズムをもたらした主たる原因ではなかった。

このファシズムという新たな運動は、政治化した大衆が政策綱領を通じてナショナリズムに統合される一方で、この新たに創出された「共同体」のなかに、神秘的に正当化されたエリート指導者層が再度組み込まれたとき、初めて危険なものとなった。これについては、カール・シュミットを手がかりに、今日まで有効性を保っているこの潮流の基本思想を辿ることができる。

議会はかつて市民と君主制国家とを結びつける手段であり、一九世紀における立憲君主制との結合のなかに一定の価値を有していた。しかし、台頭するプロレタリアートは、もはやそのようにして国家に統合することができない。階級闘争の理念は、政治的な意志の主体である同質的な民族《フォルク》を、いまにも破壊する危険がある。この歴史的に不安定な状況下で、より優れた対抗策はひとつしかないように思われる。それが国民《ナツィオン》という理念である。シュミットは、純粋に理論的な関心から議会主義批判を書いている。シュミットが追求するのは、民主主義と国民の神話とを融合させるという明確なオプションである。[50]

近代における国民国家形成の際には、自由かつ平等な個人からなる共同体を形成する、という平等主義的な傾向が見られたが、シュミットがこれを誘導した結果、このプロセスから個人の自由や平等といった近代の解放的な含意を取り去ることが可能になってしまった。その結果、国民国家の形成は、大衆を基盤としながら、根本的に反共和主義的なものとなった。主体が自ら決定することへの対抗運動であるファシズム支配は、それとほぼ同義の近代のエリートモデルに基づいていたのである。

本書で取り上げたこうした取り組みの主役たちは、今もなおドイツ右翼の知識人層にキーワードを提供しつづけている。

道徳と超道徳——アルノルト・ゲーレンの第二の戦争

戦後のドイツ社会では、一九四五年以前のナチ支配の合理性に対して、包括的な批判が行われた。まず一九六〇年代後半には、保守エリートたちとファシズム大衆運動との歴史的同盟をめぐる議論が一時的に頂点を迎えた。この議論の過程で、伝統的なエリートの代表者は、自らの正当性を証明しなければならないという、若い世代、とりわけアカデミズムの後進からの圧力にさらされていった。

一九六九年に刊行された『道徳と超道徳』は、アーヘンの哲学者アルノルト・ゲーレンの最後の著作であるが、その最初の二章は、古代という歴史舞台を隠れ蓑にしながら、同時代の知識人の責任を徹底的に追及したものだった。一九三〇年代以降、人類学を基盤として発展したゲーレンの社会心理学の出発点は、安定した権威主義的な秩序こそ、不安定に感じられる西ドイツの秩序よりも、はるかに人間の現実にマッチしているというものだった。ゲーレンはこの考えに基づいて、新たな道徳体系を構想しようとする一九四五年以降のいかなる試みにも賛同せず、そうした試みこそがドイツ文化との根本的な断絶を意味する行為だと受け止めた。

ゲーレンが自分の倫理に関する主張とドイツの戦争犯罪の問題とを密接に結びつけ、戦争犯罪への取り組みこそが国民の脆弱さの表れだと解釈した点については[51]、戦後のカール・シュミットの議論と似ていなくもない。

同世代の多くの著名人と同様に、戦争犯罪の問題におけるゲーレンの立ち位置は、彼の経歴の特徴を物語っていた。一九三三年にナチ党に入党したゲーレンは、ライプツィヒで「保守革命」の代表的論者の一人であるハンス・フライヤー〔一八八七〜一九六九〕の助手となり、その後、「第三帝国」の軍隊風のアカデミズム構造のなかでひたすら出世していった。第二次世界大戦期には国防軍の将校となり、そこで重傷を負った。この過去のためゲーレンは、戦後、新たに西ドイツのアカデミックな世界で職を得ることができなかった。それゆえ一九四五年以降のゲーレンの成功は、特にアカデミズム外のドイツの産業団体からの支援に負うところが大きかった。

ゲーレンの政治的な過去やそのキャリアの曲がり角は、彼の著作にはっきりと表れている。ゲーレンによれば、西ドイツの新たな秩序は、第二次世界大戦後に西側連合諸国によって据えつけられたもの、つまり他所《よそ》から決められたものである。それが、ドイツの若い世代の知識人を通じて、不当なまでに「道徳的に浸透して」しまっている。これが『道徳と超道徳』の中心テーゼの一つである。[52] そしてゲーレンは、この道徳を浸透させる試みを、許しがたい「道徳の政治化」だと非難する一方で、その原因は、ずっと以前の啓蒙時代からすでに構想されていたものだったと指摘するのである。

こうした『道徳と超道徳』の内容や、ゲーレンが特にフランクフルト学派の批判理論の反対者として長年活動していたことが、『道徳と超道徳』を、ある種の「アンチ六八年世代」のバイブルへと至らしめた。ゲーレンの著作は、今日まで右翼知識人サークルの必読の書となっている。「若き自由」周辺の、指針を示すことのできる数少ない指導者であるカールハインツ・ヴァイスマン［一九五九〜］は、二〇〇〇年という年にわざわざゲーレンにモノグラフを捧げたほどだった。[53]

＊

ジーブルクと違ってゲーレンは、彼が嫌悪する西ドイツの民主主義の文化的な衰退を舌鋒鋭く槍玉に挙げるだけにとどまらず、人類史のなかに害悪の原因を追い求めた。ゲーレンは、人類学に基づいて哲学を発展させるという彼の人生のプロジェクトのなかで、文化の衰退の痕跡を文化史のなかに探し求め、その衰退の原因を人道的な倫理によって約束された幸せのなかに見出した。すなわち、それが自由である。ゲーレンは、自由とはつねに「強大な諸帝国を破壊するための」最良の手段であった、と書いている。[54]

「ゲーレンの考察対象は、ジーブルクと比べて非常に幅広いものだった。だからゲーレンとジーブルクの議論のなかにある類似点は全くの偶然である」と考える必要はないだろう。ジーブルクと同様、ゲーレンのなかにも、ドイツ・ライヒの崩壊に伴って、ドイツの偉大さが失われてしまったことでドイツの「制度」の権威が失墜したとしても仕方ない、という諦めの気持ちが生じていたからである［ゲーレンは、社会のなかに存在する慣習、法律、道徳などを「制度」と呼び、この「制度」が「欠如存在」である人間の生を補い、さらには人間を成長させるものだと考えた］。『道徳と超道徳』でゲーレンは、ギリシャのポリス以降の、新しい倫理の展開については考察していない。しかし、彼の考察が戦後の六〇年代後半に向けられていたことは明白である。

ゲーレンが見せるあらゆる嫌悪は、特に「人道博愛主義《フマニタリスムス》」という批判的な倫理に対して向けられている。彼は、「世界の交通や強国の形成を目指す枠組みのなかに、いまや人道博愛主義という異なる倫理が流入してきた。平和主義者や世界市民《ヴェルトビュルガー》たちは、まるで世界精神を体現するかのように、この倫理を唱えた」と書いている。[55] そして、自由や平等といった「幸せという公理」こそが、退廃の本質的な原因であると考えており、自由や平等という理念が歴史のなかに現れ、市民の側がこれらを引き合いに出して、「豊かな暮らしの倫理化」を拙速に求めるようになってから、ヨーロッパ文化の基盤が揺らぎだした、と述べている。

これにより、ゲーレンが敵対しようとしていたのは左翼だけではなかったということが明白になった。ゲーレンの嫌悪は、倫理に基づいて全員の経済的豊かさを求める傾向にも向けられていた。そのため彼は、倫理ではなく実益にしたがう「現実主義的な」政治への態度を要求する。なぜなら、倫理というものは最終的に私的領域に委ねられる問題だからである。ゲーレンは、すでにアレクシ・ド・トクヴィル［一八〇五～一八五九］が「個人の美徳に焦点が当たること」を認識していたとして、次のように書いている。

トクヴィルは、後に悪徳も私事化《プリヴァティジールング》して世間に認められるようになったことを知らなかったとしても、個人の美徳に焦点が当たっていることはしっかりと認識していた。これをさらに推し進めるかどうかは、私たちの世紀にかかっている。なぜなら、富を倫理的に配分すべきだとする人道的な道徳《モラール》が勝利し、習俗《ジッテ》・慣習が完全に衰退のなかにあるからだ。[56]

ゲーレンは、「物質的・精神的な生活財が全員に行き渡るようになったこと」が思想的に正当化されることで、結果として行政政策のなかで劣等者の価値が引き上げられることになったという。[57]「大衆の生きがい」というこの倫理こそが、民主主義において、市民が国家に過度な要求を行ってしまうことの原因であり、またそれは、歴史を作り上げるのはエリートだという「エリート原理」の崩壊でもある。[58]そして、この感傷的な「人道博愛主義」の大勝利に伴って、「制度」が持つ力が弱体化してしまい、新たな民主主義的価値が定着した時代においては、もはや完全に個人主義を抑えることはできない、というのである。

こうしてゲーレンも、ドイツの衰退の原因を、平等思想のなかに見る思想家の陣営に加えられることになる。彼の個人的な過去の活動を見るならば、それも不思議なことではない。とはいえ、ゲーレンを含む戦後の文筆家たちには、彼らの先駆者たちと比べて重要な違いが見られる。なぜなら、シュペングラーやユングのような、一九四五年以前にエリート論を唱えた人びとにとって、国家は批判の対象外だったが、戦後になってからは、民主主義の形態を受け入れた国家への不信が生じ始めていたからだ。

たとえば一九二〇年代の代表的な著述家だったシュペングラーは国家崇拝者だった。シュペングラーは自身の政治論集のなかで、臣民の国家に対する関係を義務の遂行として描いている。シュペングラーは、たとえば『プロイセン的特性と社会主義』（一九一九年）において、労働者から企業家に至るまで、国民全員は一種の役人のような倫理を持たねばならない、と述べている。[59] シュペングラーのイメージでは、国家市民は一つの軍隊であり、多かれ少なかれ厳格に組織された上位構造に対する奉仕者であった。

ユングにおいても、考察の中心にあったのは、国家と市民との間の権威主義的な関係であった。国家による福祉は、優生学的措置の含みも持っており、ネガティヴな形でも執り行われるものであった。したがって、ユングのように、貧困は遺伝生物学的な要因のせいだと信ずる者にとって、社会福祉政策を「人種衛生学」に置き換えることは何の問題もなかった。

しかし、国家をその存立根拠を問えない偉大な存在と見る見方は、第二次世界大戦後、ドイツ・ライヒの終焉とともに根底から覆されてしまった。西ドイツをそもそも国家と認めることができない、というのがその理由であった。

『道徳と超道徳』には「国家」をテーマとする独立した章が含まれているが、これはゲーレンの議論で中心的な役割を占めているのが「制度」であることを考えれば、なんら驚くべきことではない。ゲーレンはその章のなかで、決して外部による介入だけではない、様々な脅迫のシナリオをアピールしている。彼によれば、国家の主権は「ほとんど予見することができない種々の客観的情勢」からも脅かされている[60]。ここでゲーレンが着目しているのが、人口動態である。彼の考えでは、様々な課題に対する政治的な対応は、つねに国民を根本的に安定させるために役立つものでなければならない。

政治的対応は、人口カーブや産業のポテンシャルに対するものであっても、地理学的または宇宙誌的な空間拡張を扱うものであっても、技術的または学術的な新発見に関するものであってもかまわない[61]。

したがってゲーレンによれば、国民の利益を代表する国家には、主体に対する無制限の介入が認められなければならない。なぜなら、国家は最終的に組織全体を保護するものだからである。しかし、生命を保障する国家のメカニズムは、人道博愛主義の倫理が「やむを得ざる事情という冷たい言葉で服従を求めてくるとき[62]」、危機にさらされることになる。

人類愛という掟と国家の死活的な利益が相容れないこと、そして人類愛と国家の二つが「社会倫理的な基盤の上では両立しないこと[63]」の例としてゲーレンが持ち出すのが、中世のローマ教皇と西欧の支配者たちとの対立である。この対立の末に世俗国家が最終的に勝利をおさめることになったのだが、これ以後、国家は「革命的なエネルギーを自らのポテンシャルへと転換する[64]」という形で、様々な対立を中和するための中心的な「制度」へと変貌した。

しかしゲーレンによれば、現実に基づかない人道博愛主義の倫理では、国家はこれまで担ってきた「対立を中和する」という使命を全うすることができない。なぜなら人道博愛主義の倫理は「何を優先すべきか」というプライオリティを、主体に対しては定めるが、全体を管理する「制度」に関しては定めたりはしないからである。「国家の「制度の倫理」（だけ）が、攻撃を制御し、それどころか活用することさえできるのだ[65]」という観点に立てば、結局のところ最終的に決断を下す機関として、合理的に振る舞うことができるのは主体ではなく、それは「制度」しかない、とゲーレンは言うのである。

＊

最終的にはゲーレンも、大衆、人口増大、公的扶助といった問題に接近していく。そして、近代の発展に直面した場合、内なる対立と外なる対立、内戦と対外戦争のどちらかを選択するしかないため、こうした内外の対立を上手く考慮することが政治の問題であるという。また、近代社会が自らの条件を一方的に押しつけるのは、一九世紀に「増大する大衆の圧力[66]」が決定的な政治ファクターとして現れたからである、とも述べている。

ゲーレンにとって、対外政策としての帝国主義は、内戦を避けるために導き出される当然の帰結であった。なぜなら、強大な国家で生じた過剰な人口は、まさに帝国主義を通じて、植民地や戦場といった何らかの場所へと誘導しなければならないからだ。ゲーレンにとっては外交紛争こそが、革命が内部に与える動揺などよりも、つねに優先すべき事柄なのである。このゲーレンの論理によれば、外に向けて侵略を準備する国家だけが安定する。なぜなら、そのような国家は外部への拡張を目指す姿勢を通じて、内部の秩序に対するあらゆる攻撃をも退けることができるからだ。

国防軍の元将校だったゲーレンが『道徳と超道徳』のそこかしこで、民間人《シビリアン》や平和主義者に対して終始論争的だったこともこれで説明できる。ゲーレンにとって、一九六〇年代末、いよいよ世論の注目を集めるようになっていた兵役拒否をめぐる議論［一九五五年の連邦軍の創設とともに徴兵制が復活した西ドイツでは、六〇年代後半以降、兵役拒否が社会問題化した］は、社会の基盤を脅かすものだとしか思えなかった。なぜなら国家は危急の際に、「制度」の安全を確保するためには、市民に対して、彼らの最高の財である生命をも要求しなければならないからだ。ゲーレンにとっては、それが行動能力のある国家というものなのである。

しかし、道徳的に正当化された国家のもとでは、国家のために市民の命を犠牲にせよと要求するなど、ほとんど不可能である。ゲーレンはこうして、非暴力による紛争解決を求める人道博愛主義の倫理は、「制度」を脅かし、同時に文化の根本的な基盤すらも脅かす、と結論づけるのである。

ゲーレンが「大衆の生きがい」を批判する際には、当然のことながら近代の社会国家も考察の中心に据えている。ゲーレンによれば、フランス革命以来、国家はますます社会の強い圧力にさらされるようになった。そして残念なことに、積極的な人口コントロールも、近代国家の社会福祉的性格の高まりによって脇を固められていった。国家は社会福祉を行ううえで、「人種的」に望ましい臣民の数を増やすことに配慮してきたのみならず、その臣民の物質的な安定を確保することにも関与し始めていったのである。

ところがそのうちに、国家が市民に要求するのではなく、市民が国家に対して要求を突きつけるようになっていった。そして民主化とともに、より格上の利益代弁者となった市民による国家への要求が徐々に変貌していった、とゲーレンは言う。

国家はいまや民主主義組織、あるいは君主制と民主制の混合組織として、社会対立を中和させる場所となってしまった。そして貧困が押し迫ってきたことで、社会福祉政策、つまり貧富の対立を、立法を通じて調整することが、国家の内政上の主要課題となった。[67]

ゲーレンは、この結果、国家は「社会福祉的傾向を持った」純粋な「執行機関」へと後退し、これを極端にまで押し進めたのが連邦共和制の国家である、と述べる。そして国家理念を、大衆の福祉、さらには経済と結びつけたことにより、国家はそもそも決定を下す権力を持たなくなってしまったとし、西ドイツはこのようなプロセスを経て内政・外交上の主権を失ってしまった、と結論づけるのである。さらに、国家の権威は西欧全体で大幅に弱まり、国家の機能はそうこうするうちに、大衆を飢えさせないための「乳牛」の役割に限定されることとなってしまったのである。

ゲーレンは、国法学者で、『全体国家』（一九三三年）の著者であるエルンスト・フォルストホフ［一九〇二〜一九七四］が一九六八年に『メルクーア』誌［クレット・コッタ社が発行するドイツの高級文化誌。一九四七年創刊］に対して述べた、「いかなる意味で西ドイツをなおも国家と呼ぼうとするのか。それは単なる名付けの問題にすぎない」[68]という西ドイツについての簡潔な要約を肯定的に引用する。

ゲーレンが、西ドイツにおける事態の成り行きを心の底から嫌悪していたことは、容易に理解できる。しかしゲーレンにとって最悪だったのは、同国人たるドイツ人が、与えられた現実にすっかり服属してしまったように思われたことだった。

ゲーレンは、世界戦争の敗者となったドイツ人が権力を振るうことができないでいるのは、そもそも権力を持とうとする意志を欠いているからだという。彼は、ドイツがライヒの崩壊と、プロイセンという国家が歴史から抹消されたことを経験した後、ドイツ人たちは王宮の美徳に代わってマイホームの美徳に適応していった、とほとんどジーブルクと見間違えるほど似たような不満を述べ立てている。そして、現在支配的なのは、「道徳的な病人食」を提供する社会福祉の道徳と倫理であり、その「切り詰められた意識」を「将来管理するのは、(政治家ではなく)編集者」こそふさわしい、というのである。[69]

『道徳と超道徳』を読むと、ゲーレンの「道徳主義」批判は、全体として、連合軍によるニュルンベルク国際軍事裁判や西ドイツによる過去との取り組みを背景として、一九四五年以降になって初めて現れたものだという印象を禁じえない。社会は戦争の罪のことを、なおも「政治的な領域」のなかだけでしか考えていない、[70]というゲーレンの不満は、彼の議論全体がそうであったように、過去の経歴のために戦後しばらく大学への復帰を拒まれたという、彼自身の事情に影響されていたのかもしれない。

全体として見れば、次のような奇妙な印象を抱かざるを得ない。ゲーレンにとって個人の自由とは、国家全体の人間関係や運営が制度化されることによって生じた結果でしかありえないため、個人主義のために「制度」の力を制約する西ドイツのシステムは、「不自由」でしかない。しかし、かつてナチ党員だったゲーレンが、ますます社会民主主義化してリベラルになりつつある西ドイツ社会とその「制度」に対抗する手段は、こともあろうに「自由」という松明《たいまつ》なのだ。ゲーレンにとって、ドイツは一九四五年の敗戦とともに、すでに廃棄されてしまっていたのである。

3

自覚ある国民への道

ヴァイカースハイムと「精神的・道徳的再生」

戦後から数十年の間、国民の衰退について語る予言者たちの論考には、明らかな諦めの心が見えた。彼らにとって、新国家西ドイツにおける連合国のリベラルな影響力は、あまりにも強すぎるように思われた。その後、SPDと自由民主党（FDP）による連立政権の時代〔ヴィリー・ブラント（SPD）首相（在職一九六九〜一九七四年）と、ヘルムート・シュミット（SPD）首相（在職一九七四〜一九八二年）〕には、保守主義は日常文化でも政治でも、はっきりと守勢に立たされた。民主主義の強制、「大連立」〔ドイツ第一党のCDU／CSU（キリスト教社会同盟）と第二党のSPDによる連立を言う。特にここでは一九六六〜一九六九年のキージンガー（CDU）大連立政権を指す〕、「議会外反対派」〔キージンガー大連立政権に反対する勢力が結集し、六八年の「非常事態法案」成立前後に頂点に達した反政府運動〕との対立を通して、西ドイツ社会の近代化が完成しつつあるなかで、右翼は自分たちの政治陣営が将来どうなってしまうのか、と自問したのである。

もっとも、右翼が実際に地下で耐え忍ばなければならなかった時期は、一九七〇年代の間だけだった。一九七〇年代の終わり頃には、保守主義者による自分探しのプロセスが攻勢に転じることとなる。そして、この転換がまたある種の急進化をも招いたことは、一九七九年に保守主義のシンクタンクとして、ヴァイカースハイム研究センターが設立されたことからも明らかである。

ヴァイカースハイム研究センターの設立を提唱したのは、元バーデン＝ヴュルテンベルク州首相ハンス・フィルビンガー（CDU）［一九一三～二〇〇七］だった。彼は一九九七年まで研究センター長を務めていた人物で、この研究センターを通じてCDU内の右派グループの強化を図ったのだった。一方、法律家でもあったフィルビンガーは、一九七八年にナチ政権の海軍法務官だった過去が発覚し、これにより州首相を辞任せざるを得なくなっていた。指導的な政治家の後ろめたい過去がスキャンダルとして表面化してしまったのは、一九六〇年代以降の学生運動の決起なくしては考えられなかっただろう。

このような社会の動向を目の当たりにしたヴァイカースハイムの保守主義者たちには、社会の近代化が深刻なものと映った。これを反映してヴァイカースハイム研究センターのプロフィールも復古主義的なものとなった。今日でもなお、ヴァイカースハイム研究センターは一九六〇年代の左翼による「文化革命」に対する回答であるという自己演出を行っている。[71]

このセンターの創設者であり長年センター長を務めたフィルビンガーのほかに、シュトゥットガルトの哲学教授ギュンター・ローアモーザー［一九二七～二〇〇八］も、ヴァイカースハイム研究センターの近くにいた人物の一人であった。彼は、一九八二年のシュミット首相の一件

［一九八二年、シュミットは、CDU／CSUとFDPにより提出された「建設的不信任」決議（罷免と同時に後任を選出する不信任決議）の成立により解任され、後継首相にCDU党首ヘルムート・コール（一九三〇～二〇一七）が選出された］以降、自分こそが当時CDUが標榜していた「精神的・道徳的再生」というキャッチコピーを提唱した人間だと思い込んでいた。

もっとも、この「精神的・道徳的再生」というパラダイム転換の立案者を自称するローアモーザー自身は、コールが連邦首相に選出された後に成立したCDU／CSUとFDPのキリスト教・リベラル連立政権の現実路線については不満に思っていた。ヴァイカースハイムに集まったCDU／CSU右派は、自分たちが十分に評価されていないと感じており、政治ポストも不十分にしか配分されず、自分たちの支援者が顧みられていないと考えていたのである。

そのためローアモーザーは、CDU／CSUの経済派閥の主だった面々を激しい言葉で嘲笑した。彼は、CDU／CSU内の経済派閥のことを、SPDとFDPの社会・リベラル政権による近代化を実現するための協力者だと見なしていた。ローアモーザーは激怒しながら、このように嘆いている。

二つのC政党《ツェー》［CDU／CSU］は、下品な唯物論的かつ幼稚なマルクス主義的な考え方に精神を虜にされており、社会経済的条件の安定化、つまり西ドイツを経済的・社会的に再び安定させることが可能だと信じている。豊かさをそれ相応の高いレベルで安定化させれば、精神的なもの、いわゆる「より高次の存在」、そして価値あるいはその他のことについても思考することができる、などと思うのは根本的に間違っている！　踏まえるべきは、精神における新しい力や我ら民族の再活性化なくして、別種の新たな政治など、決して起こりえないということなのだ。[72]

普段であれば、「下品な」や「幼稚な」などといった攻撃的で品のない言葉を、ローアモーザーは使わない。こうした言葉遣いは、権力という禄《ろく》を食《は》む者たちによって邪魔されつづけているという、ローアモーザーのフラストレーションから発されたものだった。まさにこの惨めさを克服するために、ローアモーザーの指導下で、ＣＤＵ内部の右派グループがヴァイカースハイムに結集したのである。もっとも、このＣＤＵ内右派グループは今でも存続しているが、今まで一度もＣＤＵ内で広く受け入れられたことはない。

＊

コール政権による「精神的・道徳的転換」の復古主義的なポテンシャルを、右翼団体が勢力拡大のためにうまく活用できないことが徐々に認識され始めた一九八五年、ヴァイカースハイム研究センターは、「メタ政治」的な志向をあらためて鮮明にすべく、あるパネル・ディスカッションを開催した［「メタ政治」とは、自らの主張を普及させるにあたって、直接政治的な活動を行うのではなく、非政治的な文化領域のテーマ――社会的慣習、言語、性など――をめぐる言論活動を通じて、世論や政治に影響力を及ぼそうとするスタンスや戦略のことを指す。ヴァイス『ドイツの新右翼』、七二頁参照］。この会合のタイトルは、「われわれは何をもって将来の精神生活を営もうというのか？」というものであった。

このタイトルが、ローアモーザーがジョルジュ・ソレルの言葉から借用したものだったことは注目すべきだ。ソレルは、一九世紀のフランスの指導的な修正マルクス主義者の一人であった。エリートの問題を分析したソレルの著作は、保守主義の急進化とヨーロッパ・ファシズムの理論形成にかなりの程度貢献した。ヴァイカースハイム研究センターはこのタイトルを選択することで、歴史上の急進右翼の伝統に根ざしていることを明確にしたのである。

ヴァイカースハイム研究センター主催のパネル・ディスカッションには、二つの異なる仮敵がいた。一つは、リヒャルト・フォン・ヴァイツゼッカー連邦大統領（CDU）［一九二〇～二〇一五］である。彼は、一九八五年五月八日に連邦議会で開催された第二次世界大戦終結四〇周年記念式典での演説において、過去を回顧する過程でナチ・ドイツが打倒されたことを解放《ベフライウング》と定義した。もう一つは、ちょうど同じ頃に「民主主義社会における歴史」というテーマで大会を開催していたSPDだった。この大会で歴史家のハンス・モムゼン［一九三〇～二〇一五］は「転換期の歴史像」に関する報告を行い、大きく注目されていた。これらが具体的な出発点となって、ヴァイカースハイム研究所の人びとは骨身を惜しまず働くことができたのだった。

モムゼンはこのSPDの歴史大会において、攻撃的な発言を行う右翼保守主義を攻撃した。モムゼンは、与党CDU／CSU内部で勢力関係の変動が起きた時期に、耐え難いほどの歴史修正主義的な歴史像が定着したと指摘した。モムゼンは歴史問題に関して、特に極右の立場に属する文筆家によるCDUへの影響力を憂えた。

それらの極右文筆家は、ほんの数名挙げるだけでもヘルムート・ディヴァルド［一九二四～一九九三］、ヴォルフガング・フェノーア［一九二五～二〇〇五］、ベルナルト・ヴィルムス［一九三一～一九九一］などがいる。彼らが書くものは、ドイツという国において、普段であれば知識人による突飛な言動として受け入れられる範囲を、遥かに逸脱するものである。ヴィリー・ブラント首相の東方政策［ブラント政権が六〇年代後半～七〇年代初めに、ソ連、東欧などの共産圏との共存路線を目指して展開した外交政策］の内容に対する限度を越えた極右文筆家の攻撃、攻撃的なナショナリズムを喚起する彼らの言葉、そして東方の隣国と締結した関係正常化のための諸条約の拒絶——これらは、西ドイツにおける民主主義のコンセンサスの基盤を破壊するものであって、新保守主義とネオ・ナチズムにあった境界を消し去るものである。[73]

実際、この三名の文筆家はみな何年にもわたって極右の雑誌で高く評価されることとなった。ドイツが第二次世界大戦を遂行したことを擁護したフェノーアの青年時代の回顧録は、今日までフェノーアのことを「偉大なドイツのジャーナリスト」として崇拝する「若き自由」の出版部局から刊行された。[74] ちなみに、「若き自由」の編集長ディーター・シュタイン［一九六七〜］は、二〇〇五年にフェノーアの追悼文集を編纂している。つまり、すでに一九八五年の段階で、モムゼンはフェノーアのような文筆家たちを手がかりにして、右翼がふたたび歴史政治［政治的な目標を達成するために、歴史を特定の政治的立場から解釈し、かつこれを世論に広く訴えかけようとすること］に強く目を向け、影響力を行使して、過去二〇年間にわたるリベラルな時代の、社会の進歩を逆戻りさせようとしていることを見て取っていたのである。

モムゼンが要約するところでは、右翼たちは、将来の政治を作り上げる手段として、ドイツの歴史を定義する力が必要不可欠だと認識していた。だから右翼は、ナチズムのまわりにふたたび築かれるべき輝かしい国民の歴史を作り上げるために、失ってしまった地歩《ちほ》をふたたび獲得することに躍起になっているのである。

このモムゼンの指摘は、ヴァイカースハイム研究センターが定めた指針にぴったり対応しており、またローアモーザーが行っている議論のなかにもモムゼンが指摘した対象を見出すことができる。特にヴァイツゼッカー演説に関してローアモーザーが誤解の余地なく強調したのは、一九四五年を解放と見なしてはならない、ということだった。ローアモーザーはこう述べている。曰く、ヒトラーが首相となった一九三三年ではなく、一九四五年という敗戦の年こそが、「ドイツ史における最大の物質的・歴史的破局……であっただけではなく、……精神的に見ても、私たちドイツ人が歴史上経験したなかでも最も恐ろしい事態だった[75]」。

また、この会合での別の報告者は、ヴァイカースハイム・サークルが「政治の正常化」という概念のもとで追求していたものをはっきりと述べていた。

> 一九四五年の段階で、非難すべき時代と認識された一九三三年以降のナチ時代の一二年間を考慮したとき、ドイツ帝国成立の一八七一年から一九三三年までの期間が、また国境に関しては一九三七年までの期間が、回復すべき正常な時代だと考えられたことには、十分な理由があった［「一九三七年の国境」とは、ナチ・ドイツが領土拡張政策に入る以前の、

一九三七年一二月三一日時点における「ドイツ帝国」の国境を指す。戦後、戦勝国はこの段階におけるドイツを「統一ドイツ」と見なしていた[76]。

もっとも、政治において「正常性」をふたたび創出するという目標は、特に西ドイツ市民の若い世代の変化した意識とはすでに矛盾しており、若い世代はこのような歴史修正主義的なスローガンには従わなかった。こうして、ヴァイカースハイムからの主たる攻撃は、自国の歴史に対して批判的な考察を行うことで、敗《ま》けた戦争に報復することを難しくしたリベラル層に向けられた。つまり、ヴァイカースハイムでのパネル・ディスカッションの出席者からすれば、保守政党のCDUに所属するヴァイツゼッカー大統領ですら、ドイツ・ライヒの没落を「解放」と思ってしまうという、そのような状況をリベラル層が作り上げてしまったということであった。

ヴァイカースハイムの人々にとって、このリベラル層とは、保守主義者の伝統的な対抗相手である六八年世代［一九四五年前後に生まれ、六八年に頂点を迎える学生運動の中心を担った集団を指す。既存秩序からの解放、開かれた社会の実現を掲げて、反ナチ規範の確立、大学の民主化、ベトナム反戦、性の解放などを訴え、ドイツ社会にリベラルな価値観を定着させることに貢献した］であることは言うまでもない。しかし、彼らが政党を結成して、実際に政治に影響を及ぼすまでにはさらに時間が必要だったため、実際のところは、すでに現実の政治に大きな影響力を行使してきたSPDを指していた。いまやSPDは、ローアモーザーからは、ドイツ国民が再生への取り組みを拒絶するようになった原因と見なされ、その全責任を負わされてしまうこととなった。

ローアモーザーは、衰退のプロセスを全体としては近代以降の進歩という概念が持つ破壊的影響の結果として見る必要がある、と言う。なぜなら、すでに二〇世紀を通じて、解放という兆しのもとで教会や国家機関が徐々に弱体化してしまっていたからだ。

しかし、ローアモーザーがいよいよ破滅の淵に立たされたと感じたのは、一九六九年に成立したSPDとFDPの社会・リベラル連立政権の経済的・文化的転換によってであった。ローアモーザーからすれば、何よりもまず、経済的な成功という政権のコンセプトこそが許しがたいものであった。というのも、この経済的成功によって、西ドイツはこの時期以降、国際市場で生き残る能力があると評価されてしまうことになるからであった。

この経済的成功というコンセプトは、ヴァイカースハイムにいるローアモーザーから弾劾されることになった。なぜなら、ローアモーザーによれば、SPD・FDPの社会・リベラル政権の改革者たちの「西ドイツを近代的で、ダイナミックで、競争力のある産業社会へと発展させる」という決定が、ドイツという国から、ドイツ人の本質に即して伝統的に育まれてきたライヒの政治的・社会福祉的構造を奪うことになったからである。つまり、SPD・FDP政権の改革は、古きライヒの精神的・構造的な最後の残滓を解体したのであり、それは戦争の影響に匹敵しうるほどの甚大な損害を引き起こしたというのである。

近代化とは、「歴史的に育まれてきたいかなる構造も、もはや特別扱いしたりしないということだ。ここで今一度しっかりと認識しなければならないのは、既存政党が、戦後の成長社会と産業のダイナミズムの進展によって、すくなくとも第二次世界大戦で敵戦闘機がドイツを破壊したのと同じくらいに文化的な基層を破壊してしまったことだ」と、ローアモーザーは嘆いている。[77] このときのローアモーザーの攻撃的で品のない言葉遣いが、ドイツ帝国期において、SPDが「祖国なき野郎ども」［一九世紀末～二〇世紀初頭のドイツにおいて共産主義者、社会主義者、社会民主主義者に対して使われた蔑称］と呼ばれていたことを連想させるものであったことは、副次的な効果としては好都合かもしれない。

ローアモーザーが取り上げたこうしたテーマ領域は、これまで保守主義とネオナチの間で揺れ動いていた西ドイツの右翼にとっての良いお手本となった。西ドイツの右翼が「メタ政治」を追求するなかで、一九世紀後半に見られた危機を煽るレトリックが、ここでふたたび登場することとなったのである。

西ドイツの右翼にとって、権力のある重要な地位に就く道や、戦争の結果を修正しようとする望みは、現実的にはすでに不可能になってしまった。このため彼らの最後の選択肢は、祖国の精神的な防衛を核心的価値へと高めていくこと以外にはなかった。西欧の制度に組み入れられた西ドイツの、異論の余地のない経済的成功に関しては、ローアモーザーのグループから次のような問いが提起された。そして、この問いは今日ふたたび予想外の強さで蘇ってきている。

もし成長が止まってしまった場合、または、もし成長を達成することができない場合、あるいは、成長が達成可能だとしてもおそらく達成されない場合、このドイツという国をまとめ上げるものは一体何なのだろうか[78]?

*

ジーブルク、ゲーレン、ローアモーザーらによる、いわゆる国民の衰退をめぐる論争は、西ドイツ建国当初の頃はまだ、ライヒ思想と直接関係があった戦前の文筆家たちの世代が担っていた。しかし、徐々に若く新しい世代がジャーナリズムの舞台に現れるとともに、この論争も変化していった。若い世代のジャーナリズムは、失われた帝国の偉大さと、世界政治におけるドイツの重要性にとどまらず、ドイツ人の国民感情とドイツ人のアイデンティティの「正常化」を訴えることが使命だと考えた。この変化自体がすでに、戦後世代がドイツの過去に批判的に取り組んできたことへの反動だった。戦後世代のなかでは、右翼こそが伝統的に国民の歴史を正しく解釈してきたという右翼の先達たちの威厳が、かなりの程度失われていたのである。

このような背景のもとで、「精神的リーダーシップ、再生、力強い復興、国民の増強が意味するものは何か、没落、退廃、ペシミズムの克服が意味するものは何か」というローアモーザーの問いが[79]、若い世代のなかに新しい従順な弟子たちを見出すことになった。ローアモーザーの弟子たちは、戦争を知らない若い世代の代表者として、ドイツ文化の未来の「メタ政治」的な内容を再び追求し、文化領域における「言葉の掌握」という、のちに大きな成功を収めることになる戦略を実践していったのである。そして、「所詮は第三帝国の弁護論にすぎない」どころか、独自のアクセントを置いた新たな右翼のジャーナリズムが徐々に展開されていったのである。

こうして、いまや「精神的・道徳的転換」の影で、フランスのモデルに倣って「新右翼《ヌーヴェル・ドロワット》」［一九六〇年代後半以降、フランスを中心に広まった新右翼運動］と称されるに至った潮流が形成されていく。もちろんこの新右翼も、一九四五年および一九六八年以後の歴史とアイデンティティの喪失によって、国民の存続が危機に瀕していると考えていた。

新右翼の潮流が活動する領域は、さしあたり政治以外の文化領域にあった。ヴァイカースハイム研究センターに集うCDU右派の若手政治家と並んで、特に一九八六年にドイツのバーデン地方南部にあるフライブルクで学生新聞として創刊された「若き自由」が、この新右翼たちの積極的な活動例の一つと見なされるべきであろう。

さらに、世論への影響を追求する戦略の、もう一つの中心的な存在と見なすことができるのが、ハイモ・シュヴィルク［一九五一〜］とウルリヒ・シャハト［一九五一〜二〇一八］によって編纂された『自覚ある国民』という論集である。同書は、一九九四年にドイツ最大手の出版社の一つウルシュタイン社から出版され、その後少し修正されて改訂版としてさらに版を重ねた。同書の出版のきっかけは、一九八九年のベルリンの壁崩壊と、ドイツの劇作家ボート・シュトラウスのエッセイ「高鳴る山羊の歌」（一九九三年）だった。この論集は、ジャーナリストのクラウス・ライナー・レール［一九二八〜］、ハンス゠ユルゲン・ジーバーベルク、歴史家で哲学者のエルンスト・ノルテ［一九二三〜二〇一六］、編集者のローラント・ブービク、あるいはカールハインツ・ヴァイスマンといった、すでに名声を確立した著述家や将来有望な文筆家たちが一堂に会し、ドイツ国民のアイデンティティを再び獲得することの重要性について、文章を寄せたものだった。

彼ら寄稿者にとっても、ドイツはすでに自滅してしまっており、西ドイツは歴史上最もいかがわしい大空位時代《インターレークヌム》［一二五四／一二五六年から一二七三年までの、神聖ローマ帝国の皇帝位（ドイツ王位）が実質的に不在だった時代］であって、これは国民の文化的再生でしか解消しえないものと映っていた。

高鳴る山羊の歌――ボート・シュトラウスの国民への自己犠牲的行為

シュトラウスの「高鳴る山羊の歌」が、最初にある芸術年鑑に発表されたときには、それほど注目を浴びなかった。しかし、これが一九九三年初頭に『シュピーゲル』誌に掲載されるや、すぐに広範な議論を引き起こした[80]。隠遁生活を送りながら創作しているような、すでに成功を収めた劇作家が、全く文学的ではない『シュピーゲル』誌を媒体に選ぶということだけで、すでに普通ではなかったが、注目を浴びたのにはそれ以外にもっと別の理由もあった。それはこのテクストが、発表前の一九九〇年に再統一を果たしたばかりで、右翼急進派によるテロ行為や殺人事件のうねりで動揺していたドイツにおいて、シュトラウスという有名な作家が政治的右翼としての自身の信条を明確に述べたものだったからであった。

ドイツ再統一が、ナショナリズムの亡霊を呼び起こすのではないかという不安が、このシュトラウスの文章によって証明されたと考えたのは、右翼急進派に反対する左翼たちだけではなかった。海外でもドイツ再統一によって、「第四帝国」が誕生したのではないかという不信が高まっていた。シュトラウスのエッセイを総合的に分析した著述家ラルフ・ハーフェルツは、

『シュピーゲル』誌に転載された「高鳴る山羊の歌」を次の言葉で適切に特徴づけている。

多くの読者が（このエッセイのなかで）目の当たりにするのは、以前であればあからさまな右翼の出版物でしか見られなかった理念や文学的常套句の大合唱である。雑誌の六頁にわたって掲載されたこの文章は、当時、新右翼という分類のもとに、新たに編成されようとしていた保守主義のイデオロギーを、ほとんど総ざらいしたものだった。この文章は、徹底的な文化ペシミズム、強烈な大衆敵視、際立った反リベラリズムから成っており、既存の社会情勢に抗して、決断主義、闘争イデオロギーの呪文、ならびに権威主義的で外国人敵視的な思考によって作り上げられていた。シュトラウスのエッセイは右翼の信仰告白的な性格を持っており、エリート主義的な新右翼のプロジェクトにとっての、理論上・戦略上のランドマークとなるものだった。[81]

この手厳しい評価は、このあと何年かのうちに実際に認められるようになった「高鳴る山羊の歌」の役割や意義によって裏づけられることになる。シュトラウスは、読者に国民文化の育成について、じっくり黙想してみることを勧める一方で、リベラル左翼知識人による絶えざる危険な影響力とされるものに対しては、左翼は自国民よりも「よそ者」を偏愛しているという右翼のお定まりの攻撃を行う。「大衆民主主義」に対する罵《のの》りも含めて、こうしたことすべてが、シュトラウスが明らかに、本書で挙げられる著述家たちの伝統につらなることを示している。

この「高鳴る山羊の歌」は、一方で自分らを体制批判者であると様式化しながら、他方でシュトラウス自身が政治的右翼であることを、誤解の余地なく告白するものだった。政治的右翼の者たちは、シュトラウスが提示した次のメッセージを熱狂的に受け入れた。

安っぽい信念や卑しい意図からではなく、全身全霊で右翼であるということは、記憶の圧倒的な力を体験することである。記憶は、国家市民ならざる人の心を捉え、近代の啓蒙された状況のなかで、日常生活を送る人間を孤独にし、揺さぶるのである。[82]

しかし、この文章が右翼によって受容されるよりも以前の段階で、ドイツ再統一時の外国人迫害（特に、一九九一年のホイヤースヴェルダや一九九二年のロストック＝リヒテンハーゲンで起きた事件）についてシュトラウスが行った発言は、激しい批判を引き起こしていた。シュトラウスの「よそ者」についての次の発言は、人種主義的な襲撃事件がドイツ全土で頻発していた当時の事情に鑑みれば、乱暴な印象を与えるものだった。

都市が混乱のなかにあるとき、よそ者や部外者は襲われ、石打ち刑に処される。しかし、定礎の暴力〔R・ジラール（一九二三～二〇一五）の共同体論において、共同体の創始にあたって秩序と安定をもたらすために行われたとされる原初の暴力〕の犠牲者となったスケープゴートは、決して憎しみの対象だけであったことはなく、崇拝から生み出された存在でもある。つまりスケープゴートは、共同体の全成員が、満場一致で憎しみをその身に集めることで、共同体の憎しみを解放する存在なのである。[83]

外国人襲撃事件で荒れ狂う暴徒たちによる「よそ者」排除が、自分がドイツ国民であることを確認するための、代替儀礼だというシュトラウスの解釈は、外国人襲撃事件に対する肯定的な響き以上のものがあった。論争が進むにつれて、シュトラウスのテクストは、国民のカタルシスという目的のために「生贄として捧げられたもの」であり、[84]ドイツ人をナチズムという歴史の重荷や最終的な「正常化」から解放するためのものだった、と解釈する者も現れた。

このように解釈されたのは、シュトラウスが「ファラリスの雄牛」〔古代ギリシャで、シチリアの僭主ファラリスが造らせたとされる処刑器具〕という主題を選んだことにも、その原因があった。すなわち、「ファラリスの雄牛」の内部で、僭主は犠牲となる者を火で炙り殺し、その犠牲者が発する叫び声は、備え付けの管によって音楽へと変えられる。そしてこの「ファラリスの雄牛」のなかに、その苦痛が「歌声」となって、国家の浄化に寄与する犠牲者の姿を見ることすら可能となるのである。

その一方で、煙《けむ》に巻くような態度を取ることで、このテクストからある程度インパクトを取り去ろうというシュトラウスの魂胆も露骨に垣間見える。しかし、「高鳴る山羊の歌」のメッセージは、あまりにも明白である。このなかでシュトラウスは、「私たち」という国民の集合的な名のもとに、黙示文学、退廃に対する公然たる非難、英雄的な犠牲による救済という鍵盤を一斉に奏でようとしたのである。

このシュトラウスの文化批判は、二〇世紀初頭のヴィルヘルム時代の著述家たちの反文明的な主張と近いところがある。シュトラウスは、「国民の富」という物質的な繁栄を、「その脅威のせいで意気消沈してしまって立ち向かうことができない唯一の敵」と見なした。それゆえ、この豊かさのなかで民族の「本質」が腐食されていくという、[85] ゲーレンならば明らかに同意しただろう断定を下す。そして、冷戦時代のブロック経済圏の対立が終わった後の新たな時代に、ドイツ国民はすっかり忘却していた「よそ者」の活力に直面することになった。ところが、この活力あふれる「よそ者」に対して、繁栄と平和のなかで家畜化されたドイツ人たちは、もはや太刀打ちできず無様をさらすことしかできないだろう、というのである。

「ドイツ人の文化が脆弱である」というシュトラウスの診断は、啓蒙化された市民社会のコンセンサスに対する彼の絶縁宣言でもあった。なぜか。それはシュトラウスが、ドイツ人に脅威を与えるはずの「よそ者」の美徳を身に付けるよう、ドイツ人に対して求めているからだ。

私たちは、東欧や中央アジアの新興諸国のなかに見られる国粋主義的な潮流に対して、多少傲慢すぎる態度で接していないだろうか。たとえばタジキスタン人は、私たちが私たちの河川を保持するのと同じように、タジキスタン人の言語を保持することが、政治的な使命だと捉えている。私たちはこのことの意味をもはや理解していない。私たちは、民族は他者に対して、自らの道徳律を主張する意志を持ち、そのためには血の犠牲をも厭わない、ということの意味を、もはや理解していないし、現在のリベラルかつ自由至上主義的な自己陶酔が蔓延しつつあるなかで、そのことを非難すべきものであると思ってしまっている。[86]

シュトラウスは、あらゆる右翼の伝統的な決まり文句に声を揃えて、西欧近代の啓蒙による発展と繁栄が、ヨーロッパ社会から国民的アイデンティティを奪ってしまったと叫ぶ。そして、「よそ者へのリンチ」という、「犠牲者への野蛮な行為」（シュトラウスにとっては、ドイツ人青年という形をとった「有罪判決を受けたネオ・ナチ」）のなかで、ドイツ人青年はふたたび国民的アイデンティティという失われた神話を取り戻そうとしている、と述べるのである。
またシュトラウスは、果敢に文化闘争を戦う者たちの「血の犠牲」は今後もありうる、と注意を喚起する。彼のテクストのこの反リベラルの方向性は、さらに別の二つの出版物で裏づけられる。

シュトラウスはその後またしても『シュピーゲル』誌上で、イスラムと西欧世界の対立に関する発言を行った。シュトラウスは二〇〇一年に、「一撃」と題する9・11のテロについての論評を発表した。二〇〇六年には同じく『シュピーゲル』誌に、イスラム諸国における預言者ムハンマドの風刺画［二〇〇五年九月に、デンマークの日刊紙に掲載されたムハンマドの風刺画をめぐって、イスラム諸国との軋轢を生み出した事件］をきっかけに生じた、常軌を逸した抗議について、「対立」と題するエッセイが掲載された。

この「一撃」と「対立」と題された二つのテクストは、ある観点から注目に値する。これら二つのテクストは、右翼に限らず当時の論評で問題となっていた拙劣な人種主義的・反イスラム的な内容ではなかった。むしろシュトラウスは、これらの出来事に対する自分の見方を通じて、自分がカール・シュミットの従順な弟子であることを証明しようとした。というのも、シュトラウスは、攻撃を受けている西欧社会に対し、「自らを安定させ、強めることができる」よう[87]、敵を模範とし、敵から学ぶことを勧めたからだ。

シュトラウスは、特にこのムハンマド風刺画事件と9・11テロという二つの出来事を、あらためて西欧の退廃的なリベラリズムを糾弾する機会として利用した。シュトラウスは、家畜化された文明的な大衆とその政治的代弁者たちに対して、人びとがあまりに物質主義に鈍感となってしまったことへの罪の責任を負わせた。シュトラウスによれば、二つの攻撃が現実に触発するものは、つまるところ、失われた「夕べの国」のキリスト教的な基層を再び思い返すという行為なのである。彼は、こう書いている。

> （アメリカへのテロ攻撃は、）あらゆる頭脳、あらゆる資金、あらゆるチャネルを通じて起こされた一撃であったが、この攻撃が篤い信仰心を貫いた可能性は、おそらくなかっただろう。被災者やその代表者の誰が、このテロ攻撃を自らの信仰への攻撃であると受け止め、「イスラム教が私の信仰に届くことなどありえない。なぜなら、私の信仰こそが、キリスト教の残骸を護るものなのだから」と言うことがあっただろうか？[88]

デンマークの新聞に掲載されたムハンマドの風刺画を受けて、イスラム教の聖職者が焚きつけた騒ぎをめぐり二〇〇六年にいくつかの国でパニックが起きたあと、シュトラウスは、敵の模倣《ミメーシス》という主題をさらに発展させることとなった。シュトラウスは新たに、西欧のリベラリズムや世俗主義のなかに、「弱さ」の原因を見出した。シュトラウスによれば、固有の文化の喪失は、自文化のためには自分の生命を犠牲にしてもよいと思う人びとから攻撃される可能性をもたらす。シュトラウスは改めて、挑発する「よそ者」から身を守るためにこそ、当の「よそ者」を模範とし、その美徳を見習うことを求めるのである。

信心深いキリスト教徒であり、故郷を希求するような若者というのは少数派であり、消え去りつつある。若者が内面において葛藤するのは、信仰ではなく、どちらかといえば順応、実益追求、立身出世主義といった、抗えない世俗的な圧力である。反対に、預言者ムハンマドを厳格に信仰する者は、若者の信仰をさらに強めることになるだろう。なぜなら、若者がこの信仰者と対立するようになれば、その分だけ若者は、この信仰者を自分の手本とするようになるからだ[89]。

シュトラウスはこの対立のなかに、西欧が最終的に「弱さ」を克服しうるチャンスを見出している。イスラム教の狂信者は、西欧の「無宗教者」に限界があることを示した。しかし、対立におびえた西欧のキリスト教徒には、もはやこのようなことができない。であるなら、西欧諸国はこの対立を利用して規則を新たに設けてはどうか、とシュトラウスは提案する。

宗教的な感情を侵すことについては、かつての西ドイツで与えられていた意味とは別の意味が与えられてしかるべきだ。つまりそれは、尊厳の侵犯であって、罪に問えるものにしなければならない。[90]

シュトラウスは、この狂信と無宗教のジレンマは真剣に受け止めなければならず、簡単に解決できるものでもないが、最終的には「「新たなる不透明性」[J・ハーバーマス(一九二九〜)の一九八五年の著作のタイトル]」の時代」を終わらせ、これまで不当にも放棄してきた道に西欧を復帰させるチャンスをもたらす、としている。そして、快適さのために見捨てられていたアイデンティティを再び思い起こすことこそが、新たに強くなることへ向けたチャンスである、という。

世俗と宗教という、克服し難い敵対関係に感情移入することで、諸教混交や無関心といった恣意性が蔓延してしまった結果、西欧は危機に陥ることとなった。しかし、現代の私たちは、ひょっとすると、この蔓延する恣意性を克服したとさえ言えるようになるかもしれない。「かつてはなんと柔弱な時代だったことか!」と。[91]

シュトラウスはこのテクストで、マルティン・ハイデガー〔一八八九～一九七六〕、エルンスト・ユンガー〔一八九五～一九九八〕、パウル・ド・ラガルド〔一八二七～一八九一〕をふたたび取り上げ、再神話化への願望を表明している。こうした振る舞いは、いまや右翼知識人たちの定番レパートリーとなっている。したがって、シュトラウスの目標がそれにふさわしく右翼からの共感を得て、たとえば「若き自由」などで「対抗啓蒙主義の詩人」として崇め奉られたとしても、何ら不思議なことはないのである。[92]

こうしてついには、国民と神話とを融合することが、あらゆる新右翼の著述家の公然たる要求となった。そこで、一九四五年以降に設けられた「堤防」を破壊するための、最初のステップとなるのが、まずはドイツ人「自身の」、国民に対する関係を「正常化」するプロセスの追求、ということになる。この関係の正常化を踏まえたうえで、次に目指すべきものが、国民をドイツ文化が持つ形而上的な性格へと再結合していくことである。最初のステップが、外に向かってかなり攻撃的に行われる一方、第二のステップは、右翼ジャーナリズム内部の論争のなかに反映されている。

右翼ジャーナリズムに指針を与えてくれたのは、「若き自由」によって正典化された、エルンスト・ユンガーの「寂れ果てた祭壇には悪魔が棲みついている」という文章であった。つまり、ドイツ人が護ってきた神話の数々は、異国の誤った教義に取って代わられる前に、保護されなければならないし、すでに取って代わられてしまったところは、再征服しなければならないのである。すでに挙げたシャハトとシュヴィルクの論集『自覚ある国民』は、この種の議論を裏づけるものとなっている。

そして、シュトラウスがこの『自覚ある国民』のなかに、自分のエッセイを収めることを許可したことは、シュトラウスの政治的志向に関するあらゆる疑念を払拭するものだった。なぜなら、これによって「高鳴る山羊の歌」が、自身が関係する右翼の周辺サークルのなかで、文化の再国民化について議論する際の体系的なキャッチコピーの供給源となったからである。

ハンス＝ユルゲン・ジーバーベルクと「最後の戦争のあとのドイツの芸術」

エリート論を提起する作家たちが歴史を政治的な次元で議論するとき、彼らの世界観は極めて明瞭である。つまりドイツ人が退廃したのは、ドイツ・ライヒの崩壊に伴って、無理矢理にでも二〇世紀の権威主義的な政治文化を克服しなければならなくなったからだ、とする世界観である。

シュトラウスと同じく『自覚ある国民』の寄稿者に名を連ねた、映画製作者で作家のハンス＝ユルゲン・ジーバーベルクも、ドイツの敗戦と大衆社会の発生と国民の衰退の間に、同じような関連があるという結論を引き出している。[93] ジーバーベルクが寄稿したエッセイ「固有なものと異質なもの　悲劇的なものの喪失について」は、自身のこれまでの創作物を総括したものであった。新ロマン主義者であり、信念に基づく古きプロイセン人であるジーバーベルクの目には、ドイツの国民的アイデンティティと文化的基層は、一九四五年以降著しく失われてしまったと映った。ジーバーベルクによれば、この喪失の責任は、直接的には戦勝国の影響力のせいであるが、最終的には戦勝国に協力しているドイツの知識人層に帰されるべきものであった。ジーバーベルクは、美学的に見て、敗戦後のドイツは廃棄されたという。このメッセージを伝えるために、ジーバーベルクが用いたのが、「映画」というメディアだった。皮肉なことに映画は、伝統的な右翼の文化ペシミズム論では、文化崩壊の表れであり、価値の低い大衆娯楽を具現化した存在と見なされていたものだった。

ジーバーベルクの卓越した芸術作品のほぼすべては、国民的アイデンティティを喪失してしまったことへの悲しみを克服するための、「喪の作業」［S・フロイトの概念で、かけがえのない人や物を喪失して悲嘆に暮れる人が、時間の経過とともに、心を整理して立ち直っていく過程を指す］に捧げられたものである。ジーバーベルクは、広範囲にわたる仕事を、第四代バイエルン国王ルートヴィヒ二世［一八四五〜一八八六］、作曲家リヒャルト・ヴァーグナー［一八一三〜一八八三］、冒険小説家カール・マイ［一八四二〜一九一二］といった一九世紀のドイツ人のイコンに捧げた。

同じく、ジーバーベルクがドイツに固有のものと見なす、美学的伝統に取り組むなかで誕生したのが、長尺の映画作品『ヒトラー、あるいはドイツ映画』（一九七七年）だった。この仕事は国際的な名声を博し、特にアメリカやフランスで受け入れられたことで、彼は映画監督として大きな芸術的評価を手に入れた。しかしドイツでは、この映画を評価する人たちよりも、評価を留保する人たちのほうが多かった。ジーバーベルクには、このことこそが、ドイツがいかに文化の根本を失ってしまったのか、ということの証左であるように見えた。彼は、ドイツでの自身の映画への無理解ぶりを、ドイツ国民の根本的な自己疎外の結果だと解釈し、「ドイツ的惨めさからの救済として」（映画に添えられたエッセイのタイトル[94]）、芸術に自分の希望を託したのだった。

ドイツでは、このヒトラー映画をきっかけに、ジーバーベルクの「喪の作業」が、どの程度まで歴史上の加害者たちへの同情に変わってしまっているのかをめぐって、最終的には論争が生じた。[95]ジーバーベルクが強烈に芸術対象に没入し、自作品への距離を失ってしまったことも、また彼のあからさまに右翼的な政治的立場も、歴史修正主義者としての彼のイメージを強めることになった。

ジーバーベルクが憎悪したのは、映画『ヒトラー〜』で描いたドイツの過去に対して投げかけられた、特に同世代の芸術家たちによる批判や疑問だった。彼は『自覚ある国民』のなかでこうした非難に対し、次のように回顧している。

ヒトラー映画に至るまでのすべてのことが、ドイツでこの映画が成立した時代を特徴づけていた概念、つまり「喪の作業」に通じるものだった。この映画は、ナチに加担した加害者たちにとっても「喪の作業」だったのだが、新たな快適さのうえにあぐらをかいている、彼らフロイトマニアの劣等生たちには、そのことを理解することも我慢することもできなかった。[96]

一九九〇年、ジーバーベルクのそれまでのエッセイをまとめた、『最後の戦争のあとのドイツにおける、芸術の不運と幸運について』が出版された。[97] 本の内容は、これまでジーバーベルクが行ってきた議論の主旨と完全に一致しており、本のタイトルも、芸術家ジーバーベルクの人生のテーマを要約するものだった。

ジーバーベルクはこのエッセイ集のなかで、一九四五年以後の芸術はもはやドイツ的なものではなくなっており、ほとんどが「勝者の美学」となってしまっている、という主張を様々な表現で繰り返した。[98] この「勝者の美学」は、敗戦後のドイツにおける権力関係を基に、左翼知識人が戦勝国やユダヤ人と協力することで最終的に確立したものであり、これによって人為的にドイツ人の芸術の歴史と伝統が断ち切られてしまった、とジーバーベルクは述べている。このエッセイ集は、彼の憎しみの対象には、紛れもなく左翼やリベラルだけではなくユダヤ人も含まれていたこと、彼自身が反ユダヤ主義から自由ではなかったことを示している。[99]

もっとも、ジーバーベルクはこう書くことで、保守論壇からも反感を買ってしまった。「フランクフルター・アルゲマイネ新聞」はこのエッセイ集に対し、「文化評論についていては、ジーバーベルクにはもう何も求めてはならない」と評した。[100] この手厳しい論評以降、社会的評価が失墜してしまったこの芸術家の近辺は、束の間、静かになっていった。そして彼は、一九八九年以降、東ドイツに接収されていた、ドイツ北東部フォアポメルンにある、先祖の土地を取り戻すことに専念していく。

ところが、ジーバーベルクの失墜は長くは続かず、社会的に追放されたこの作家は、七五歳の誕生日に事実上の社会復帰を果たすことになった。二〇一〇年に、ジーバーベルクを称賛する記事（「フランクフルター・アルゲマイネ新聞」を含む）が続々と発表され、同年一二月には、ベルリンにあるドイツ歴史博物館でジーバーベルクの映画の回顧展が開催され、バイエルン放送局は、ジーバーベルクの協力のもと制作された、彼に極めて好意的な四十五分間の自伝的映画を放送したのである。[101]

しかし、この自伝的映画や記事の大半は、「左翼やユダヤ人が、結託して本来のドイツ文化を抑圧してきた」というジーバーベルクの主張には触れなかった。この自伝的映画では、ジーバーベルクはもっぱら、天才肌だが風変わりな変人として描かれており、彼の書き物や歴史像やプロイセン崇拝はなかったものとして扱われた。また同様に、ジーバーベルクの中核的な思想である国民的な「喪の作業」についても、全く言及されなかった。

テレビのドキュメンタリー映画が、取材対象のジーバーベルクを公正に評価しなかったという意味で、こうした不都合な部分の省略は問題である。というのも、ジーバーベルクの作品には、一九四五年以後の、右翼の文化批判に特徴的に表れる苦しみが見られるからだ。この苦しみは、ジーバーベルク以外の作品ではめったにお目にかかれないたぐいのものである。すなわち、世界はドイツ・ライヒにすべての罪をなすりつけ、ドイツ人の国民的アイデンティティが不当にもヒトラーという存在に還元されてしまっているように見える現状に、ジーバーベルクは苦しんでおり、彼はこのような苦しみを抱えながら、身を削って映画作りに取り組んできたのである。

そのときジーバーベルクは、ナルシシズムと神経質のはざまで、そして加害者に媚びを売ることと犠牲者の役割を声高に要求することのはざまで、揺れ動いている。そして彼の難解な「内面の」美学は、国外では「ドイツ人」という概念と結びつけられた、ありとあらゆる常套句で飾り付けられている。このことは、彼の映画が国内で批判されたのに比べて、国際的には成功を収めたことの説明になるだろう。しかしその結果として、ジーバーベルク作品の世界観は、珍しくもない詰め込みすぎの美学的な紋切り型と化してしまった。こうしてジーバーベルクの映画が世界に送り届けたものは、よりにもよって世界が押しつけてきたと彼が非難する「ドイツ・イメージ」そのものなのであった。

結局ジーバーベルクは、文化的な断片のなかに残存する、ドイツ的な要素をかき集めることを人生の使命と見なしており、これが彼の仕事に、強烈なノスタルジックかつ復古主義的な色彩を与えるものになっている。彼は人生後半の創作期に、エルンスト・ユンガーをドイツのファシズム以前《プレ・ファシズム》の作家と見なす一方で、自らをドイツのファシズム以後《ポスト・ファシズム》の作家として描いた[102]。そして、このファシズム以前とファシズム以後とを比較すると、新たに誕生した西ドイツにおける、国民文化の喪失が如実に浮き上がってくると述べた。ジーバーベルクにとって、民主主義とは国民文化喪失の形式的な表れであり、また喪失の原因でもあったのだ。

この見方は、芸術家ジーバーベルクの美学的概念にとどまるものではなく、彼はそれを政治にも適用しようとしている。すでに一九八八年に、ジーバーベルクは「ツァイト」紙のインタビューで、プロイセン国王やイラン革命の指導者ホメイニ師［一九〇二～一九八九］といったカリスマ的な指導者像への憧れを表明し、「民主主義のなかに、私たちの没落の原因があるのだ」と告白していた[103]。

ジーバーベルクは、大衆が共同で決定するという民主主義の方法によって、堰を切ったように野蛮が溢れ出したと言う。民主主義こそが、ヒトラーの権力掌握を助けた決定的な契機となったと主張するときに、ジーバーベルクが持ち出すのが、保守派が好んでよく取り上げてきた次のような主題である。

民主主義を通じて進んで自らを定義し、また自らを解放しようとしている大衆は、H.［ヒトラー］が民主主義なくしては権力に至らなかったこと、アウシュヴィッツこそが民主主義の代償である……ことを知らなければならない。[104]

ジーバーベルクの考えでは、プロイセンの身分社会がドイツにまだ残されていたならば、ライヒの崩壊や、これに伴うドイツ文化の衰退は決して起こらなかった。この考えは、敗戦直後の保守主義者の、文化批判の論旨と正確に一致する。彼らは、「ヒトラーは「小市民」の願いや望みが投影されたスクリーンだった」と解釈することで、自らを免責したのである。[105]

このようにジーバーベルクは、若い世代の代表であるにもかかわらず、フリードリヒ・ジーブルク、アルノルト・ゲーレン、あるいはオルテガ・イ・ガセットらと同様に、民主主義における文化のあり方を問題視していた。彼にとって、大衆という概念はすでに「横暴なフィクシヨンであった。大衆を構成する人間は、ほとんど大衆とは関係がない。大衆という概念ほど、自由な個性を無力にしたり、低下させたりするための、偽善的な道具にふさわしいものはない」のであった。[106]

しかし、こうした現状診断を下すジーバーベルクも、ジーブルクと同様、民主主義的な共同決定に基づいて作られた大衆文化は拒絶するものの、大衆文化そのものは決して拒絶しない。だから二人とも、民主主義が制度化された一九四五年以降になって、初めて批判を開始するのである。彼らのロジックでは、原罪として機能するのが民主主義の平等思想であり、これによって初めて、「平等という名の野蛮」に対する障壁が取り除かれてしまったのである。

もちろんこのような議論は、まさにヴァイマル共和国を最終的に解体するために、フランツ・フォン・パーペンとその周辺が大衆運動としてのナチズムを利用したという、歴史的な事実を見過ごしている。ヒトラーを「民主主義の使者」などと見なすのは、プロイセンを理想視し、プロイセン・ユンカー［エルベ川以東の地主貴族で、特に一八世紀以降、プロイセンの支配階級を形成した］のような立場で社会の秩序を守ろうとする、ジーブルクやジーバーベルクのような人間しかいない。彼らの考え方は、たとえ一九世紀のヴィルヘルム時代であってさえ、時代錯誤であり、時代に逆行するものだっただろう。

そして、国家の形態と、ドイツ人の独創的なポテンシャルとを関連づけるやり方は、すでに一九二〇年代の急進右翼が好んで用いた議論と同じ構造を持っている。当時、オスヴァルト・シュペングラーやアルトゥール・メラー・ファン・デン・ブルック［一八七六〜一九二五］といった影響力のある著述家たちは、共和国モデルとドイツ人の民族精神とは、根本的に相容れないという教義を広めていた。ジーバーベルクも、ライン川の左岸と右岸［ここではライン川左岸がフランス側、右岸がドイツの側となり、その地域（ラインラント）はドイツとフランスの歴史的な紛争の場所となってきた］に沿って走る伝統的なフロントラインが、西欧的文明とドイツ的文化、西欧的な合理主義とドイツ的ロマン主義、科学と芸術のあいだにも走っていると見なした。ジーバーベルクは、こう書いている。

啓蒙主義に基づく社会科学の分析は、王室の歴史や、生活や世界そのものの古き秩序に対する攻撃を意味する。またそれは、自らを破壊する民主主義という名の帝国主義を通じて、このような人間的領域を植民地化することを意味するのである。[107]

ジーバーベルクにとって、西欧知識人の反ファシズム的な基本姿勢は、歴史上必然的に育まれてきた以上に、社会慣習となってしまっている。たとえ、「H.［ヒトラー］は大量殺戮者であった。そして歴史や芸術に関する彼の行為や指示は、すべて根本的に間違っていた」とジーバーベルクが公言していたとしても、彼の思想のなかでは矛盾はない。ジーバーベルクは、こうしたことを公言（それは、皮肉や、「大衆」への罪のなすりつけなくしては行われないものだが）をしなければならないのは社会の圧力のせいだとして、ヒトラーに対する最終評価を次のように下す。

それゆえ私は、ヒトラーを、科学技術の世紀における、大衆運動という悪魔の利益を代弁する世界精神の天才的な媒介者であると思う。私がヒトラーに関心を示すのは、ヒトラーに従った人々、私にとっては本質的にその一部が異質である人びと、あるいは私にとっては不気味であり、さらには敵対的ですらあったに違いない人びとに対して、私がほとんど同情するまでになっているからなのである。[108]

ジーバーベルクに民主主義に対する信頼を教えたのは、彼にとって相変わらず根源的な喪失の符号である一九四五年という年ではなかった。一九四五年の敗戦によってではなく、一九九〇年のドイツ再統一によって初めて、ジーバーベルクは民族の意志と和解した。ジーバーベルクはこのエッセイ集のなかで、この和解のことを、「一九八九年秋に至るまでの、民族への歩み寄りであり、今や多くの恐怖症から救い出してくれた」ものと述べ、[109]「民族《フォルク》」という言葉は、

「一九八九年に、ライプツィヒやその他の都市において、街頭に出たドイツ人たちの民主化デモを通じて浄化され、ついに勝ち取ったあとに……ふたたび使うことができるようになった」と書いた[110]。

ジーバーベルクは、これによって「大衆」と「民族」との間に違いを作り出した。この違いは、ジーバーベルクの芸術家としての実践のなかにも確認することができる。つまり、「西ドイツの大衆は疎外されたドイツ民族であり、この疎外をもたらした国内のスパイが、第二次世界大戦の戦勝国、左翼知識人、そしてユダヤ人」であって、「ドイツ人の文化や歴史への支持を公言し、国民的アイデンティティを再度自覚することで、大衆はもう一度「民族」となることができる」というのである。

この大衆と民族の違いを維持することは、ジーバーベルクが芸術上の方針を定めるときの根拠にもなっている。文学研究者ハンス＝ヨアヒム・ハーン［一九五〇～］が示したように、芸術家はその理想から導かれる必然的な義務として、「大衆」からは距離を取らなければならない。一方で、フリードリヒ・ヘルダーリン［一七七〇～一八四三］に倣って、芸術家のなかに「民族の声」を見出さなければならない。ジーバーベルクはそういう矛盾のなかで行動している[111]。そこで、疎外された「大衆」との差異を通じて自らを卓越化する一方で、真なる「民族」を援用することで、自らの主張の正当性を調達したのである。

このような発想や「反民主主義的、国粋主義的なテーゼ」[112]によって、急速にジーバーベルクは、ドイツ右翼のなかにいる芸術に関心を持つ人たちにとってのご贔屓の作家となっていった。ハーンにとって、ジーバーベルクは、「ボート・シュトラウスやマルティン・ヴァルザー［一九二七〜］とならんで、一九八九年以降高まってきた、ドイツ人の国民性や正常性をめぐる議論を先導してきた芸術家の一人」である。[113] これは、一九八九年以降、彼の作品を受容しようという関心がふたたび高まったことからも明らかである。

「若き自由」は、二〇〇七年にも、ジーバーベルクのヒトラー映画のことを「占領地の回復」であると褒め称えた。[114] 実際この「若き自由」が、「ヒトラーを追悼する権利」と、ドイツ人の「罪を誇ること《シュルトシュトルツ》」［右翼が「ナチ・戦争犯罪への取り組みを通じて、道徳的な優位性を確保したドイツ人」のことを揶揄した言葉］についての記事を掲載するとき、資料として、ジーバーベルクのヒトラー映画のワンシーンの写真を選んだのは、当然の成り行きだった。[115]

ジーバーベルクの映画作品を特徴づける、プロイセン・エリートとしての付け焼き刃の自負、歴史修正主義、内面性、神秘的な国民概念のごった煮こそが、まさにジーバーベルクを、新たなるベルリンの「青年保守派」にとってのドイツ芸術の使者たらしめているのだ。

こうした例で見てきたように、エリートと大衆という主題は、国粋主義的な兆候を含みつつ、一九四五年以後も、本質的にジャーナリズムや芸術の領域で、すなわちヴァイカースハイムで再組織された保守主義の理論家や、シュトラウスやジーバーベルクといった芸術家、そして「若き自由」周辺のシュトラウスやジーバーベルクの喝采者たちなど、ドイツが一九四五年に没落したと信じていた人たちのなかで、ずっと保持されつづけていたのである。

4

人間工学的転回

ペーター・スローターダイク、「人間園」の哲学者

これまで本書で紹介してきたザラツィン、ジーブルク、ゲーレン、シュトラウス、ジーバーベルクといった登場人物との関連性は間接的にしかないが、「エリート」の必要性を黙示録的に論じる論者として、カールスルーエの人気哲学者ペーター・スローターダイクも忘れてはならない。先述の著述家たちと同様、スローターダイクの理論も歴史上のエリート論や文化ペシミズム論とそれほど密接な関係があるとは思われていない。たとえば、一九三〇年代初頭の権威主義国家の擁護者たちと比較してみても、彼らとスローターダイクとのあいだでは個々の点での矛盾は非常に大きい。これについては以下で詳しく言及することになろう。

他方で、この哲学者はごくごく最近になって、誤解の余地なく公然と、彼の議論が黙示文学の一つとして浮かび上がってくるような政治的立場を取るようになった。それ以来、スローターダイクはドイツの右翼知識人サークルでも抜きん出た名声を享受することになる。

右翼サークル内でのスローターダイク評価の先陣をきったのは、「若き自由」であった。この新聞はこれまで、スローターダイクの著作を特段取り上げたことはなかったが、いち早くスローターダイクの社会国家における税の徴収と分配に関する発言を称賛し、彼の議論のなかに

世論の急激な変化の兆候を見出した。[116] 特に、スローターダイクが一九九〇年代末に「人間工学的転回」を行うまでは、典型的な左翼の文化批判者と見なされていたという事実が、ドイツ右翼のなかに「ざまあみろ」というあからさまな気持ちを呼び起こした。これに呼応して、ドイツ右翼は、タブー破りだと間違って世間から認識されたこのスローターダイクという人間を、反啓蒙主義の陣営への改宗者として、慌てて仲間に迎え入れようとしたのである。

ところで、本書がスローターダイクを考察の対象に含めたのは、彼がいつもメディアに出ているという理由が大きい。スローターダイクは、カールスルーエ造形大学の学長であるだけでなく、大学教師、講演者、エッセイストなど、いくつもの顔を持っており、尋常ならざる生産性を発揮している。彼は、自身のTV番組のトークショーの司会を務め、さらに戦後のドイツで最も売れた哲学書に数えられる著作の数々を途切れることなく出版している。新右翼がスローターダイクに喝采を送ったという事情のほかに、彼が今日の社会的な論争に対して、歴然たる影響力を及ぼしているという事実こそが、彼についての詳細な考察が本書で強く求められる所以なのである。

＊

ポスト近代の大衆文化を的確に批判したスローターダイクの著作が、本当に平等思想の解体作業に取り組んだものに数え入れられるのかどうかは議論の余地がある。哲学者スローターダイクの政治的転向について、最初に議論を呼んだのは、『人間園の規則』というタイトルで行われた「エルマウ城講演」であった。この講演の内容は、一九九九年に「ツァイト」紙に掲載された。[117] スローターダイクはこの講演で挑発的に、「生政治《せいせいじ》」的な介入を行う勇気を求めた［「生政治」はM・フーコー（一九二六〜一九八四）の概念で、出生・死亡率の統制や公衆衛生などの住民の「生」の管理を目指す権力や一連の政策を指す］。これ以後、これが彼の主題の一つとなった。

スローターダイクは、哲学や哲学的言説の成立、発展過程を研究した付論において、ニーチェやハイデガーを再読しつつ、技術的に拡張された人類学のなかに、社会に潜む破壊的な傾向を克服するチャンスを見ている。そして、人はつねに訓練され、改善され、規律される存在として形成されたのだから、人間工学的技術によって人を改善する可能性を受け入れたり、この改善を大衆文化という野蛮を阻止するために活用したりすることが重要になると言う。

もっとも、こうした改善が可能となるためには、他の生命工学研究と同じく、ヒューマニスティック［人間主義的＝人文主義的］な倫理の克服が必要となる。しかし、こうした倫理は今や限界にぶつかっており、また必要不可欠な進歩に対しても限界を課してしまっている。だから、スローターダイクの議論では、「人間工学的な」将来のためには、新たな規則を設けることが何よりも重要となるのである。

スローターダイクは、「エルマウ城講演」での主題のいくつかを、講演直後の二〇〇〇年に発表した『大衆の侮蔑』のなかで再び取り上げた。[118] そして、『大衆の侮蔑』に、「近代社会における文化闘争についての試論」というサブタイトルを付けることで、あらためて自ら野蛮化していく大衆社会の問題をテーマにし、人はいかにして近代社会の内部に潜む古代ローマの「パンと見世物の精神」へと回帰する傾向に対抗することができるのか、ということを考察した。

スローターダイクによれば、近代社会は自由を求めることで、近代以前の旧い紐帯《ちゅうたい》を解体したが、それによって創られた新しい世界では、自由の要求が変質し、その結果、差異を平準化する作用だけが残ってしまった。そこで彼は、都市における大衆の形成を同時代の本質的な特徴として捉えようとした、エリアス・カネッティ［一九〇四〜一九九四］のモチーフを一部修正して、近代の大衆を通じた主体の解放と制約の緊密な協働についての考察を展開した。

スローターダイクは、一九二〇年代のウィーンで社会騒擾《そうじょう》が起きている最中に、カネッティが大衆について考察した、「突然「すべてが人間たちで真っ黒に」なった」という言葉の、「人間の黒さ」という概念を用いて、革命的民衆による封建社会からの人間の解放、という主題を全く異なるものに変えた。[119] そして、大衆の時代における平等主義は、次の四つの形態の「人類学的な差異」を消失させた、と述べた。すなわち、貴き生まれと卑しき生まれの差異、聖と俗の差異、「賢人」と群衆との差異、才能のある者と才能のない者の差異、である。これらが、新たな大衆の時代の、平準化作用の犠牲となったというのである。

近代は、前近代において社会を構造化するのに重要な役割を果たしていたこれらの差異を、等しく均《なら》してしまった。このため飼いならされた大衆は、極めて破壊的で横暴な存在へと変わってしまった。つまり、近代では凡庸さを押しつけられることで、才能が体系的に液状化した結果、かつての「集団暴徒《ヘッツモイテ》」（カネッティ）から「煽動的中間層《ヘッツミッテ》」が生まれたのである。そして、平均という強制的な物差しが、さらに事態を悪化させるのは必然であるとして、スローターダイクはこう議論を続ける。「「芸術に対する民主主義の優越！」がこれからのスローガンとなる[120]」と。

大衆による独裁が才能を従える、というスローターダイクの洞察は、最終的には（ハイデガーに倣って）「ひと《ダス・マン》［ハイデガーの用語。死の可能性に直面して主体的に生きざるをえないにもかかわらず、死の不安から逃げて日常のなかに埋没し、本来の自己を失ってしまった人間のあり方を指す］と、あらゆる独創的かつ自由なものに対する憎しみと猜疑の独裁」へと行き着く[121]。「質」や改善のための訓練がなくなると、その重要性も失われていく。

（ポスト近代の大衆は）潜在能力のない大衆、つまりミクロ・アナーキズムと孤独の総体である。大衆は、かつてファシズムの扇動者や共産党の書記長たちにそそのかされて、自我に目覚め、表現力を宿す集合体として歴史を作ろうとし、また作るべきだと考えていた時代のことなど、ほとんど記憶していない。[122]

ところで、スローターダイクが「生政治」の多様な世界に、どれほど集中的に取り組んできたのかが最終的に明らかになったのは、二〇〇九年に出版された『汝は汝の生を変えなければならぬ　人間工学について』においてであった。七〇〇頁に及ぶ、この著作に収められているのは、人口政策による規制と、いかにして臣民の生と死のなかで国家が生み出されるのか、という問いをめぐる考察である。

『汝は汝の生を変えなければならぬ』は、出版後すぐに、学芸欄から大いに注目されることとなった。なぜならこの本は、スローターダイクがこれまで個別に提示してきた新しい世界観の基本的な考えを集大成したものだったからだ。この本のなかでスローターダイクは、ヒューマニスティックな倫理を克服するために、「エルマウ城講演」の主張を、さらに目に見える形で発展させようとした。同書はまぎれもなく、「おしゃべりなどではない倫理的言説の一部を、人間工学的な表現へと再定式化し」ようとする試みであった。[123] さらには、『大衆の侮蔑』の主題をも引き継いでおり、「「文化」という肥大した張り子の虎」に対する、スローターダイクの愉悦のこもった拒絶もこめられていた。[124]

『汝は汝の生を変えなければならぬ』では、人間という現存在を、訓練を通じて完全化することについて、あらためて集中的に叙述されている。その際の主題として彼が提案したのが、「訓練する生について」である。[125] スローターダイクは、「いまや、人間というものが、反復から生まれた生き物であることを明らかにする時である。一九世紀が、認識的に見て生産の時代であり、二〇世紀が反省の時代であったように、未来は、訓練の時代として現れなければならない」と書いている。[126]

ここでまた、もう一つの中核的なテーゼがはっきりと浮かび上がる。すなわち、「近代の産業化において、国家が直接人間の生存を保障することで、物質的な利害関心は、象徴的な領域へと移行した。これが一九世紀の階級闘争を、「承認闘争」へと変化させた」というテーゼである。ここでスローターダイクは、人類の歴史の本質的なパラダイムは、「労働」や剰余生産物の占有ではなく、社会的地位、すなわち物質的（および象徴的）財をめぐる対立にあると指摘して、マルクス主義批判を試みている。

スローターダイクは、一方で平等思想が歴史のなかで勝利を収めて以来、かつては明確に秩序づけられていた「財に至る手段」が無秩序なものとなり、暴動をもたらすまでに至った、と述べる。そして、以前は階級闘争として誤解されていた運動は、基本的には世間の「注目を無理やり集める」戦略を採る、承認闘争の別バージョンでしかないと指摘する。しかし他方で、こうした状態に付随して発生し、人を沈鬱にさせるものが、些末な事柄に際限なく拘泥する大衆社会であった。これについてスローターダイクは、すでに二〇〇〇年の時点でこう描写していた。

> 大衆を発見することは、必然的に興味のないものを興味を引くもの［利害関係のあるもの］に引き上げる効果がある。したがって大衆文化が普及しているところで、些末な事柄が特殊な効果と結びついているのは、偶然では（ない）[127]。

スローターダイクは言う。大衆社会はつねに個人の「質」の問題を回避しつづけることで、ある種の平等主義的な体裁を取り繕っている。というのも、大衆社会では、標準はつねに低めに設定されるため、これを満たすことができないことなど、誰一人恐れる必要がないからだ。しかし「質」の問題の回避は、それまでと違って、（ポスト）近代の生活世界を本質的に不安定にする。なぜなら（ポスト）近代の生活世界は、平等主義の原則にさらに譲歩したり、かつて獲得した社会的地位を見直したりするなど、差異を平準化する可能性を永遠に保証しなければならないからだ。したがってスローターダイクは、このようにして生まれた問題を、「近代において差異が衰退したことの帰結」と見なす。

今日の社会でも、考えられるかぎりのあらゆる領域で、価値の等級、ランク、階級を形成せざるを得ない。競争社会を自認するかぎりそうせざるを得ないが、他方で、平等主義の前提のもとでは、それぞれに居場所を配分しなければならない。つまり、競争する者たちは、同じ前提下でスタートを切ったのだと想定せざるをえないのだ。[128]

それでは、現代社会が抱えるこうした問題に対して、一体どのような対処が可能なのだろうか。もしくは、平等主義で融通がきかなくなった社会を回避できるということを根拠にして、安定した権威主義的社会へと、どのようにして発展させることができるのだろうか。これについてスローターダイクは、具体的な提案を行わない。

国家への攻撃

ここでスローターダイクは、議論の予期せぬ転回を行う。彼は、ミッシェル・フーコーに取り組むなかで、この近代の平準化傾向が、社会の進歩の表れなどではなく、本質的に国家権力の利益になることを裏づけようとする。そしてこの議論を経て、平等主義の神話を堅持するために生み出されたのが、安定的な支配を必要とする社会国家だと考えるに至るのである。

こうして、のちにスローターダイクの著作の中心思想となるテーマに名前が与えられることになる。すなわち、「主体の抑圧の手段としての社会国家と税制」、あるいは中産階級の居酒屋談義で使われるような、あまり哲学的に洗練されていない言葉で表現された、「金を吸い上げる怪物」としての国家である。[129]

近代の社会国家を攻撃することと、解放の主題を結びつけることは、一見すると人を驚かせるペテンのように見える。実際、このペテンによって、スローターダイクに関心を示す、極右の代表者が何人か現れている。したがって、ひきつづき本書で哲学者スローターダイクの思想的な軌跡を簡潔に描写することは、彼の立場を明確にするうえでも必要なことだろう。

さて、さしあたりスローターダイクは大衆の存在自体を、国家が支配するための土台であり、また国家の支配表現でもあるとして、国家と一体のものとして理解している。スローターダイクは、フーコーと違い、「国家が生命を作る」という生政治的な命題は、すでに近代国家以前に実現していたと見ている。他方で、近代国家において初めて、生政治が効果的かつ包括的に社会全体を規制できるようになった、とも述べる。そして、スローターダイクが近代初期の目印となる特徴と見なすのが、「新たな人口統計学上の命令」、すなわち「臣民という物資を際限なく調達せよという掟」である。[130]

近代において、進歩し洗練されてきた公的行政、税制、そしてインフラは、まずもって臣民という生産物を改善するための存在だった。その終着点が、「人間の過剰という窮地から誕生した社会福祉政策」であった。[131] 他方で、大衆が国家に金銭的に扶養されるようになるとともに、大衆が生み出したこの国家構造のなかに、大衆自身を統合する必要性が高まっていった。こうして、フーコーが包括的に描き出した、社会秩序を防衛するための管理・規律化および処罰措置が実行され、ついには、ますますきめ細かく分化していく公的支援の時代の到来が告げられることになる。

さらにスローターダイクは、ここで教育者という形象を取り上げ、学校制度と教育の失敗との関連性に言及する。この関連性は、スローターダイクからすれば、以下の災厄にその責任の大半を負っている。

> 無制限に成長を志向する人口政策は、近代の典型的な悪循環を導く。つまり、絶え間ない、ほとんど宿命的に見える人間の過剰生産が、家族に対して、教育的なポテンシャルを強く要求することにつながり、その結果、それに耐えかねた子どもたちが、流行病のように非行に走るリスクを高めてしまうのだ。ほとんどの人が、この悲惨な状況に対抗

するために、もっとも容易だという理由から、まずは近代の学校制度に訴えかけた。なぜなら近代の学校制度は、公共制度に必要な数の能力の高い人間を供給するだけではなく、将来への展望を失った者や社会に全く役に立たない者のなかからも、なおも社会に有用な（少なくとも無害な）構成員を生み出すと考えているためである。ところが、この課題に応えることを、初期の近代国家の教育者たちは失敗し続けた[132]。

スローターダイクはすでに『大衆の侮蔑』のなかでも、生まれながらにして平等である時代は「教師と助産婦の時代」になるだろうと述べ[133]、それほどまでに教育的な倫理に支配された時代は、ヒューマニズムの高い要求と現実との矛盾によって、失敗せざるを得ないと断言していた。スローターダイクによれば、近代の教育政策は、少数のエリートに禁欲的な訓練と規律を施すのではなく、多数派の大衆を改善することを求めるようになったのである。

そしてさらに教会の「世界を改善する」という思想からも影響を受けた近代の教育政策が、最終的に生み出すことになるのが、破壊的な「超道徳」である。

近代の学校は、生徒たちを国家と「社会」のために教育していることを、おもての名分としているが、いつもひそかに、ときには明らかな形で、社会と国家を無視する。ここに、教育という理性の悪巧みが表現されているのである。……「教養《ビルドゥング》」という共感を呼ぶドイツ語のなかに、この錯誤が結晶化している。学校固有の論理により、近代の文化は応用力を欠いた過剰すぎる理念で溢れかえっている。個人主義、ヒューマニズム、ユートピア的理想論、道徳主義といった理念は、近代文化の公然たる特徴なのである。[134]

スローターダイクはさらにこう続ける。「結局のところ、国家はその教育的な倫理が仇となった。臣民を預かる施設ですら、もはや社会的な出来損ないしか生み出さなくなっている。長い目でみると、「学校理性」と「国家理性」との間に、根本的な対立が生じることになる」。こうしてスローターダイクは、「公共制度へのはなはだしい道徳的裏切りをともなう、知識人の超道徳を形成するプロセスの証拠として」、この「超道徳」という概念を喚《よ》び起こすのである。[135]もちろん、この「超道徳」という概念を使うときに自然と思い浮かぶのが、アルノルト・ゲーレンである。そして最終的にスローターダイクは、教育者でさえ、公共制度の安全性を保証するにふさわしくないという判断から、「市民を養うという目的のために、教育者に頼る者は、予期せぬ副作用を覚悟しなければならない」と結論づける。[136]

もっともスローターダイクの読者の側も、同様に「予期せぬ事」を覚悟しなければならない。というのも、より現実的な公共心と少ない道徳主義、より強い国家への忠誠とあまり国家に要求しない態度を求めるこの保守主義者の弁論は、最終的には全く別の方向に向かっていくからである。つまりスローターダイクは、厄介な大衆社会の、「学校理性」を詳しく叙述したあとに、全面的な反国家主義のレトリックに移っていくのだ。

スローターダイクの著作を好意的に読めば、『汝は汝の生を変えなければならぬ』でさえ、一部過激な表現が含まれるものの、まだ昔ながらの文化批判の伝統に属する、一つの総括と見なすことができる。とすればこの本は、関連する二本のエッセイ「『人間園の規則』と『大衆の侮蔑』」と併せて、最終的には、スローターダイクの政治的な要望が盛り込まれたカタログと見なすことができるだろう。なぜならこの哲学者は、自分の著作が、アカデミズムの象牙の塔で行われた瞑想などではないと自覚しているからだ。このような冷めた反省は、彼のテクストが一筋縄ではいかないにもかかわらず、彼の立場からすれば、ごく自然な印象を与える。そして、明確に政治的な成果を得るために、自らが党派的であることを宣言する。「『人間』に関するあらゆる言説は、それが公開されているかどうかにかかわらず、遅かれ早かれ、単なる記述の閾を越え、規範となるべき目標を追求する」ため、[137] スローターダイクは自分の仕事を直接的な政治介入であると見なしているのである。

スローターダイクは最終的に自分の具体的な目標を「フランクフルター・アルゲマイネ新聞」のエッセイ、「救い手の革命」で明らかにしている。スローターダイクはこのなかで、国家に対する攻撃を次のように続けている。「臣民の生産者たる国家は、自身が生み落とした大衆の貧困状態に、そもそもの責任を負っている。他方で国家は、大衆の存在を口実にして、最も能力の高い人間から税制を通じて財を吸い上げている」と。

税の取り立てについて、有益な見方をしたいのであれば、近代世界最大の徴収権力である現代の租税国家、ますます債務国家に近づいていく租税国家の権力に注目しなければならないだろう。この租税国家のほとんどすべてのモデルは、実際にはリベラリズムの歴史的伝統のなかに見出すことができる。このリベラリズムの伝統は、いかにして近代国家が、一世紀の間に前代未聞の規模で、金を吸い上げては吐き出す怪物となってしまったのかということを、恐る恐る注意しながら書き記してきたのである。

挙句の果てには、この租税国家は、財を得ようと静かなる内戦を遂行する無一文の財なき者たちの最も強力な同盟者ですらある、とスローターダイクは言う。「完成した租税国家は、生産層が毎年生み出す経済の成果の半分を国庫に入れろと要求する。しかし、税を徴収される当事者たちは、租税反対闘争といった極めて真っ当な対応などを行ったりしない。これこそ、絶対主義時代の財務を担当する人間が生きていれば、みんな嫉妬で青ざめてしまうほどの、政治的な調教の成果なのである」。

このスローターダイクの国家に対する評価は、彼が市民的国家に対して抱く、あまりに乱暴なイメージをうかがわせるものである。スローターダイクの考察から完全にこぼれ落ちているのは、市民的国家が最初に作り出すのは、市民的経済が円滑に機能できる枠組みだという点である。国家が法秩序を保障し、そのなかで商業パートナー同士の交流を規制し、私有財産を保護し、さらにインフラを整備することによって、資本主義に寄生した現象ではなく、資本主義経済の必然的な付随現象として発生するのが、市民的国家なのだから。

こうして、スローターダイクは、アナーキーな気分に浸る小市民たち――納税申告当日に納税義務が国家の課題ではなくなることを夢見る一方で、自らの社会生活は、国家が保障することによってしか維持できないことを意識的に除外する小市民たちと同じような、反国家主義に陥ってしまったのである。

スローターダイクは、強制的に税を徴収する国家に代わって、自由意志に基づく、贈与を原則として給付を行う国家の実現を主張する。これにより、スローターダイクにとって歓迎されるべき、「贈与者の革命が実現するだろう。この革命により、税の強制徴収が廃止され、その分を公共への贈り物に転換することができるため、税の廃止によって貧困化することもないだろう。この気概に満ちた変革が行われることによって、終わりなき葛藤を繰り広げる貪欲と誇りでは、誇りが圧倒的に勝るという事実を示すことができるかもしれない」。

スローターダイクは「救い手の革命」という記事のなかで、ひどく大げさに「二一世紀（のうち）に、税の強制徴収という大きな様式の解体が起こりうる可能性」について警告しているが、彼自身が自らの手で、その解体を強引に推し進めているとも言えよう。他方で、スローターダイクは「フランクフルター・アルゲマイネ新聞」で自身の考えをさらに展開し、実例を挙げて具体化させていくことには尻込みしている。

本来であればスローターダイクは、「準社会主義」と「国家レベルでの泥棒政治」に対する抵抗の典型例として、たとえば徴税に対する闘争を自らの義務とした、アメリカの極右民兵団体の存在に注意を喚起すべきだっただろう。また、贈与と誇りに基づいた、福祉の「気概に満ちた転換」を勧めているが、これで思い浮かぶのは、現実における革命による刷新などではなく、むしろイスラム教社会やキリスト教社会にある、喜捨の制度のほうである。

その一方で、スローターダイクが、「統一ドイツは偽装された東ドイツである」との極端なテーゼを打ち出すのを見るとき、私たちはこの人気哲学者が、保守的な非合理主義と新自由主義のあいだの政治領域で、ついには自分の立ち位置を見失ってしまったのだ、という診断を下さざるを得ないのである。

5

大衆に対する不安

新たな政治的主体

オスヴァルト・シュペングラー、エトガー・ユリウス・ユング、フリードリヒ・ジーブルク、オルテガ・イ・ガセットらがそうであったように、近代の没落の予言者たちは、「政治的主体としての大衆」に対して、根本的な不信の目を向けた。

大衆が政治的な主体となることによって、没落の予言者たちは深刻な問題に直面する。なぜなら、一九世紀以降、経済面、社会面、文化面において、政治が大衆レベルに降りてきたことはもはや否定しえなくなってしまったからだ。支配する側は、合理的かつ経済的に、自分が支配者であることを正当化する必要性に迫られ、支配側から排除されている大衆は、自らの権利を要求するようになった。そして産業化と都市化により、もはや巨大な群衆の政治的意志を回避することができなくなった。

労働運動と社会民主主義は、こうした社会変容の明白な表れだった。巨大な群衆の労働力に依存せざるを得ない近代の生産方法に加えて、戦争による政治的な破局も大衆に権力を与えることを促した。遅く見積もっても、二〇世紀前半の、第一次世界大戦での産業化された軍事技術により多くの兵士の血が流れたことで、もはや国民全員の政治参画を防ぐことはできなくなってしまった。つまり、一九世紀の最後の三〇年の間に、大衆に対する見方や、大衆と政治的主体の関係性は変化してしまっていたのである。文学研究者のミヒャエル・ガンパー〔一九六七〜〕が『大衆の言説史』（二〇〇七年）のなかで述べているように、この大衆という存在は「一人ひとりの集合体から」導かれるものではなく、「個人《インディヴィードゥウム》」の構成、および行動様式のなかで明らかになる」ものである。[138]

　こうした新たな社会的現実はまた、逆に主体の構造に影響を及ぼし始めることとなった。この診断は、二〇世紀には二つの方向で理解されていった。一つ目の方向はフランクフルト学派の批判理論である。これは、主体性を平準化していく産業社会の大衆と、大量に生産される商品によって疎外されていく過程との間の関連を確立した理論であり、この疎外化の過程で新たに生じた野蛮に対して効果的に対抗しようとするものであった。

　その一方でこの診断は、シュペングラーの例に見られるように、保守主義的・文化ペシミズム的な観点からも解釈することができた。大衆が人間を形作るという、その文明批判的な見解は、すでにアレクシ・ド・トクヴィルが『アメリカのデモクラシー』（一八三五〜一八四〇年）において披露していたものだった。また、アルノルト・ゲーレンの学問の師であるハンス・フライヤーも、一九五五年に公刊されて以来、広く読まれた著書『現代の理論』で、近代社会における大衆化、個人性、疎外化の関連性を詳細に論じていた。[139]

この大衆の問題は、一九一四から一八年にかけて、ヨーロッパ大陸に大きな動揺をもたらした第一次世界大戦よりもずっと以前から注目されていた。ギュスターヴ・ル・ボンが『群衆心理』（一八九五年）のなかで述べたように、産業化とともに「大衆の時代」が始まったという認識は、すでに一九世紀には定着していた。ル・ボンは、まさに一九世紀のこの時期に、伝統的な支配のメカニズムが無効になり始めた、と警告した。ル・ボンは、時代の事実上の転換を次のように予言した。

> 大衆は、理性的に熟慮する能力はほとんどないが、それだけにいっそう、行動することには適している。大衆の社会組織が、大衆の力を巨大にする。私たちの前に現れるドグマは、古い教義にも劣らぬ力、つまり、如何なる議論も許さない専制的で、支配的な力をすぐに獲得してしまうだろう。大衆の神的権力は、王の神的権力にとって代わることになる。[140]

ル・ボンによれば、大衆の影響力は真に破壊的であり、文明は大きな危機に瀕している。それゆえ、この新たな時代において、真に政治的な決断を行おうとするエリートは、大衆心理について精通していなければならない。つまり、かつて領主が行っていた専制的な大衆支配の形態はもはや不可能となり、支配者はこれから、大衆とともに統治を行わなければならなくなったのである。

このル・ボンの『群衆心理』は、大衆をコントロールし、影響を及ぼし、操作しようとする人たちにとって、重要な助言の書となっていった。その一方で、大衆の影響に関するル・ボンの省察は、同時代の研究者たちによって詳細に検討され、さらに細かく突き詰められていった。ル・ボンの同時代人であり、社会心理学の創始者であるガブリエル・タルド［一八四三～一九〇四］は、大衆が個人《インディヴィードゥム》を支配するという、あまりにも単純すぎるイメージに対して反論した。タルドはむしろ、大勢から抜きん出た指導者と大衆とのあいだに、複雑な関係を見出した。タルドの省察は、政治的な啓蒙教育の可能性だけでなく、大衆に狙いを定めたアジテーションの危険性にも及んだ。タルドの考えでは、個人は、特にジャーナリズムを通じて大衆に勝利し、また大衆を作り上げることができる。つまり、一九世紀末、フランスで起きたスパイ疑獄事件である「ドレフュス事件」［一八九四年、ユダヤ系の陸軍大尉A・ドレフュスがドイツのスパイとして終身刑に処せられたが、後に真犯人が発覚したにもかかわらず、軍部は威信失墜の恐れや、反ユダヤ感情などのために隠匿した。これに対し、小説家ゾラなど知識人・進歩的共和派は弾劾運動を展開し、フランス第三共和政を揺るがす政治的大事件となった］で明るみとなった、反ユダヤ主義が示したような、大衆のなかにある潜在的なルサンチマンは、このジャーナリズムを利用した方法によって、

「集団の力」へと変化させることが可能だというのである。

実際、「ジャーナリズムの絶対的権力」が生じるかもしれない、と警告するタルドは、近代のメディア社会におけるポピュリズムの危険を先取りしているとも言える。[141] ジャーナリズムの成功が社会的プロセスを阻害することもありうる、とタルドのテーゼを要約するならば、これはザラツィンをめぐる経緯を描写しているともいえよう。タルドは言う。

「世論」自身は直接行動することはできないが、政治家に世論の意志を強引に押しつけて、実行しなければならないよう仕向けることができる。こうして生まれるのが、「世論の犯罪」である。この「世論の犯罪」は、「大衆」による犯罪行為と比べて、第一に「あまり嫌悪を催させるものではない」点で、第二に「あまり攻撃的・暴力的ではない」点で、第三に「より広範囲かつ長期的な規模」という点で、第四に「罰せられないことがより確実である」点で、際立っている。

タルドの予言によれば、危機の時代においては「ジャーナリスト個人の影響力が、特に重要なものとなりうる」のである。[142]

このように、政治的主体としての大衆という現象に関する一九世紀当時の観察者による診断は、事の始めからすでに穏当なものではなかった。大衆は操作可能だという危険性が認識されるとともに、大衆を研究しようとする関心が高まり、それと同時に「量」に関する問題も関心の対象に含まれていった。大衆を操作したいという欲望と、大衆の運動法則を明晰に分析したいという欲求から、経験的データを大量に集めることが求められるようになったのである。こうして、「「大衆」と大衆の合理的な調教とを初めて主たる研究対象とした学問」として生まれたのが、統計学だった。[143] そして、収集したデータを解釈するこの統計学が、大衆社会における重要な政治的手段となったのである。

こうして得られた統計データには「事実」が内在すると信じられている。エトガー・ユリウス・ユング、あるいはティロ・ザラツィンのような著述家たちが、客観的に疑う余地なしとされた資料をあまりに頻繁に引用するのは、この統計の持つ「事実」の力を利用しようとしたからである。そして彼らの主張が大変厄介な点は、彼らが統計データを通じて示唆するこの客観的な「事実」が持つ影響力のためなのである。

大衆とエリート

近代の社会科学も、西欧社会が大衆社会へとパラダイム・シフトしたことで誕生した。社会科学は支配階級の分析を基盤にして、ますます重要性を増していく「社会」の全体性に注意を向け始めていった。一方、特に民主化が進展していく過程で新たな議論が出現した。すなわち、貴族に取って代わり民衆が政治的主体として出現したあと、果たして本当に全員が支配者となるべきなのか、という問題である。この展開は、次代の支配者となる可能性のあったヨーロッパの貴族たちが没落したことからくる反動でもあった。貴族が没落し、社会は平等になったが、現実に社会の構成員すべてが政治に参画してしまうことだけは、なんとしても阻止したい――このような思いから、保守主義者たちは、社会の指導者となるべき、新たなエリートを急いで探し求めなければならなかったのである。

　こうした志向は、近代の右翼が古い保守主義に取って代わる大きな刺激となった。民族至上主義《フェルキッシュ》的な世界観の代表者たちは、文化的な危機を貴族に押しつけ、「貴族が本来の使命から遠ざかり、「ユダヤ人の血」と婚姻関係を結んだせいで、「退廃的」になってしまった」と非難した。一九世紀の市民文化の危機から導かれた結論は、民主化したヨーロッパの文化崩壊を食い止める新しい支配集団を作らなければ、真の新しい始まりを迎えることができない、というものだった。

　近代社会を動かすメカニズムが、どれほど複雑なものであると考えられていたかは、国民の多くや、あるいは少なくない数のエリートたちでさえもが、政治的決定を下す責任を進んで

「召命された者」に託そうとしていたことからもわかる。政治学者のクルト・レンク〔一九二九〜〕はこの展開について、「大衆の時代が到来しつつあるなかで、恐怖、熱狂、拒絶といった感情が生まれた。投票権を持った大衆、デモ、ストライキも、同じく幻想をかき立てた。保守主義者たちは、文化的なエネルギーが、すべて大衆によって使い尽くされてしまうことを恐れた。そして、あらゆる脅威を描写するときに出てくるキーワードが、「大衆化」だった。文化を営む能力のない大衆を語ることは、同時にエリート主義的な社会の出現を展望する、「天才崇拝」という社会的背景を作り上げた」とまとめている。[144] こうして、名目上は対等な者同士の「質」の違いから生じる影響を探し求めて、民主主義社会のなかで、エリートと大衆の正しい関係を模索する動きが生じたのである。

エリート／大衆言説は、全体として今日でも一九世紀後半の伝統に則っている。すでにル・ボンの批評のなかには、かなりの貴族主義的な思い上がりが見られていた。

　歴史の教えるところによれば、文明を基盤とする道徳的な勢力が、その支配力を失ったとき、正真正銘の野蛮人と呼ばれる無意識かつ粗野な大衆によって、文明の最終的な解体が成し遂げられる。これまでは、文明がつねに少数の貴族的な知識人によって創造され、指導されてきたのであり、決して大衆のあずかり知るところではなかった。[145]

レンクはこの議論の伝統について、すでに一九世紀の終わりに、「文化ペシミズムに規定された知識人たち」は、「近代の中心概念」である「平等性」のなかに、「呪われたもの《アナテマ》」を見出した、と書いている。[146] レンクは、ここで描写されている「エリート／大衆症候群」を分析するに際して、ル・ボン、シュペングラー、オルテガの影響を挙げ、この現象自体を市民文化の危機的産物として解釈している。

（二〇）世紀への転換とともに、「多数者集団は、つねに少数のエリートによって導かれてきた」とする社会学的なエリート定理に関心が向けられたのは、新たに誕生した「大衆社会」に対する市民階級の不安から生じたものである。[147]

したがって、「大衆の時代」には長期にわたって「エリートの反乱」が随伴する。そして、エリートの反乱というプロセスは、現在またさらなる頂点を迎えており、その終わりは見通すことができない、とレンクは言うのである。この恐ろしい「大衆の支配」を回避するために、エリート論が前提とするのが、社会の「必要不可欠な構造原理」としての不平等だった。

そして、エリート論の擁護者たちは、支配への要求を正当化するために、「超自然的なもの、あるいは人民主権や公共の福祉といった世俗的な神話」を引き合いに出すことをすばやく学習した。[148] レンクは、政治的正当化のための常套句の内容は「時間とともに変化する」ことを強調している。そして、この常套句の機能として重要なことは、「大衆のなかに、大いに反響を呼ぶ」ことである、という。[149] さらに、「エリートたち」のこうした弁明はつねに、自己正当化のために人類学で用いられる定数や神話を援用するので、社会学による合理的な説明に対する対抗概念のような役割を担うことになるのである。

エリートの行動の根拠は、社会学でいう社会階級というカテゴリーにはなく、非合理的な意志の力こそが、人間の行為や思考のあらゆる動機の核を作り出すと考える、人類学のなかにある。[150]

レンクは、特に八〇年代初頭に「精神的・道徳的転換」が生じた結果、エリート概念が復活したことを読み取っている。

(いまや) ドイツ連邦共和国における幅広い社会層の自己理解は、六〇年代末の抗議世代により、一時的に動揺させられたあと、ふたたび新たな立場に回帰した (ように思われる)。それは、「大衆社会」を「新たに」構造化するための、拠りどころとなる目印を追い求めるというものである。その際、古いエリート概念との差異化のための指標としてうってつけなのが、「業績優秀者」や「機能エリート」［政治、経済、社会統合、文化など各社会体系内におけるそれぞれのエリートを指す］という意味で、エリートをふたたび取り上げることである。エリート概念は、権威主義的なファシズム運動によって信用を落としてしまったのち、明らかに今ふたたび、何かしらの「無害な」言葉の意味を手に入れようとしているのだ。[151]

ル・ボンが、「人種の精神」から「大衆の精神」へと歩みを進めてから一三〇年後に、ドイツで人気を博しているベストセラー作家が、今度はその道を、逆に進んでいっていることは注目すべきことだ。ザラツィンの議論は、下層民は自分で自分の面倒を見ることができないなどといった憶測から、社会福祉制度に過度に依存する移民集団の、知能指数や遺伝器質についての発言へとシフトしていった。ザラツィンの『レットル・アンテルナシオナル』でのインタビューは、「大衆に代わって階級を　生活保護受給者が集まる首都からエリートの大都市へ」というタイトルをつけており、このタイトルにふさわしく政治家ザラツィンは、「私はベルリンをエリートの都市にしたい」という信念を表明している。[152]ザラツィンはこれに続いて、恒常的な赤字というベルリン州固有の問題を連邦レベルに転嫁し、国家全体が存続の危機にあると見なすのである。

このようにザラツィンの議論においても、反平等主義というルサンチマン構造はほとんど変化することはなかった。ポピュリストたちは、今でも「民衆の」意志、つまり民主主義の多数派の意志を好んで引き合いに出してはいるが、彼らのエリート主義の基盤になっているのは、結局のところ、今日のドイツの連邦共和国という国制に対する深い軽蔑の念である。ポピュリストたちは基本的に、シュペングラーやユングがそうであったように、「政治的主体としての大衆には、自ら主体的に行動する能力がない」と考えているが、同時に「国民の文化的本質は、民主主義とともに否応なく失われていっている」とも考えている。

実際、フリードリヒ・ジーブルクも、民主主義の大衆生活が、自国の文化的遺産や国益に対するドイツ人の感受性を鈍感なものにしてしまったと信じていた。今日のエリート論者たちも、民主主義による平準化作用のなかに、エリートが全面的に消滅していく危機的傾向すら見て取っている。たとえばボート・シュトラウスは、啓蒙プロセスは歴史の終わりに行き着き、ここでドイツ人はついに、かつて占めていた首位の座を失ってしまったと思い込んでいた。

大衆の知性は飽和地点に達した。大衆の知性がさらに進化して自らを超越し、一千万ものＲＴＬテレビの視聴者が、ハイデガー主義者になるなどということはまずありえない。

「存在の明るみ」とは、今日では偏屈さを意味することにほかならない。全人類の相互の「心のふれあい《ハイタッチ》を重視する」知性は、もはや下々の者と指揮官とを区別することはない。かつての愚民は、今日では単に啓蒙された愚民にすぎないのだ[153]。

大衆が支配することへの不安を煽り立てるこの意見は、一世紀以上にもわたって、その論調を変えることはなかった。もっともラルフ・ハーフェルツが言うように、こうした黙示録じみた語り口は、エリートの再生を促すという目的があるため、異論に反論したり不注意なことを言いすぎたりはしない。あまりに言いすぎると、逆にこの語り口がエリートの再生になんの役にも立たないことを証明するはめになってしまう。なぜなら、この黙示録じみた語り口は、一方で「エリート主義への想像力をかき立てることで、人びとの希望」を育みつつ、別のところではつねに「エリートの没落の原因となった現在進行中の文化の没落についても、しきりと述べ立てる」からである[154]。

6

人口統計学と危機

大衆が政治的に台頭することで文化が全般的に衰退していくという考え方は、市民の時代の文化的危機としては典型的なものだった。社会のなかの文化を育む能力が、全般的に衰退することをさらに恐れた人々は、この大衆の台頭に社会の最上層部にいる「優秀な人材」の質的悪化を見た。そしてこの不安を焚きつけたのが、ヨーロッパ諸国の人口数の増加だった。実際、オルテガ・イ・ガセットは、大衆という類型が出現した原因をヨーロッパにおける人口増加に帰している。

オルテガによれば、一九世紀の技術的な発達によって生活が簡素化したことで、身分の境がなくなると同時に、人口が増加し始めた。そこで、人口統計学と人口の管理は政治の要石となり、人口を管理するための介入が求められるようになっていった。そして、この人口への介入は、致命的な結果をもたらすことにもつながっていくのである。

エトガー・ユリウス・ユングは、個別の人口統計と特定の因果関係の主張とを巧みに結び合わせることにより、一九二〇年代のドイツにおいて、「有能な者のすさまじい逆淘汰[155]」が行われている可能性があると述べた。そして、すぐにこの逆淘汰に対抗措置が講じられなければ、

「劣等者の支配」がもたらされることになる、と考えた。

すでにこの言葉に見られるように、ユングが人口における非生産的な集団に対して念頭に置いていた具体的な措置は、のちにナチ政権の政策で大々的に実行された措置と明らかに近いものだった。

重度の身体障害者や不治の病人が命を永らえているのは、医学の進歩のおかげだろう。しかし、医師による看護が過剰に行われた結果、脆弱で病的で劣等な生命を、人工的に維持することが可能となる一方で、優秀な者がなおざりにされてしまうことになるのであれば、「民族の全体的な能力が害を被っているのではないか？ 身体的、精神的、経済的に民族体の力を低下させることにならないか？」と問うことは正当である。なぜなら、それはまさに、民族の確実な衰退を意味するからである。[156]

ユングは、望ましくない人口の一部に援助を行うことを反生産的だと見なした。そして、むしろ急進的な措置こそが、ドイツ民族とドイツ文化の生物学的な実体を救うための正しい手段であると考えた。なぜなら社会福祉政策は、ドイツの民族と文化を誤った方向に導くものであり、社会福祉の対象者になってしまえば、「子どもを自分で何人養うことができるのか」ということは、大して重要な問題ではなくなるからだ。

社会福祉の対象者にとっては、子どもが小さなときから政府が面倒を見てくれることが当然になってしまい、民族共同体に対するいかなる責任感も、彼らのなかに自然と育まれることはない。つまり、「この劣等者が、民族体に無数に再生されていくことで、将来の危険はますます大きなものとなっていく」[157]のである。

ドイツ民族の将来を救うためには、政治はいまや、この危険に適切に立ち向かわなければならない。そこでユングが闘争の書、『劣等者の支配』の改訂版(一九三〇年)で参照したのが、当時「きわめて若い学問であった人種衛生学」であった。ユングは、人種衛生学のパイオニアたちに言及して、彼らは「メンデルの遺伝学の法則から出発して……ライヒに社会衛生制度がないことを強く指摘し、民族体の保護のためにその場しのぎではない措置を求めた」と述べている。[158]

一九二〇年代は、「民族の健康」とならんで、人口の過剰がつねに人々の観察対象となっていた。「土地の狭さ」は、たとえば小説『土地なき民』(一九二六年)を書いた作家で詩人のハンス・グリム[一八七五〜一九五九]のような地政学の著述家たちにとっては、国民的な危機の兆候であり、ドイツが侵略的領土拡張を行うことを正当化する根拠となった。

植民地で生活した経験のある詩人のグリムは、ヴァイマル時代およびナチ時代のドイツにおいて、最も売れた作家の一人だった。グリムはすでに第一次世界大戦中に、大英帝国こそがあらゆる悪の根源だとして、その責任を押しつける戦争プロパガンダの文章を書いていた。

グリムの『土地なき民』は、民族至上主義的《フェルキッシュ》な地政学者たちの議論を広く一般に知らしめるもので、「若き民族」たるドイツ人は出産の過剰を、帝国主義的拡張による土地の獲得を通じて対処しなければならない、と論じるものであり、彼はこの小説によって目覚ましい成功を得たのであった。グリムは、ドイツ人が領土の拡張に成功しなければ、国家のエリートは土地不足のために国外に移住し、それどころか自分たちの能力を世界帝国たるイギリスのために役立てることになるだろうと記した。このように、没落の予言と人口統計学とはすでに早い段階から結びついていたのである。

しかし、人口統計学の言説を長期的に観察すると、この危機のシナリオのなかに、一つの変化が生じていることが目を引く。それは、社会福祉政策を通じた貧困層の拡大が国家の破滅を招くことを不安視する「マルサスの恐怖」に代わって、人口減少による国家の破滅という法則を主張する著述家が現れたことだ。

この違いは、グリムと同時代人であるユングとの比較によって明白なものとなる。グリムの議論では、危険を生み出す前提となるのは出生率の上昇であり、これが領土拡大戦争に直結する。しかし、時代を通じて育まれてきた人口過剰に対するドイツ人の不安は、ユングにおいては唐突に正反対に振れる。ここでユングが述べたのは、「ドイツ人は死に絶えようとしている！」というものだった。そして領土拡張への圧力に代わって現れたのは、外部からの移民流入の圧力と、取り残されたドイツ人たちの遺伝的な「質」に関する懸念であった。

この懸念は、シュペングラーであれば、彼の著書『決断の歳月』（一九三三年）における、危険が迫るフランスの、次のような記述に相当する。

> フランスではここ五〇年来、相当数の県で三分の一以上の人口が失われた。出生数が死亡件数の半分以下となっている県もある。いくつかの中小都市や多くの村には、ほとんど人が住んでいない。南方からカタロニア人が農民として入り込み、ポーランド人や黒人は中流階級にすら入り込んでいる。黒人聖職者、黒人将校、黒人裁判官が存在するのだ。もともとの住民の一〇分の一をはるかに超えるこうした移民たちは、多産だということだけで「フランス人」の頭数をほぼ横ばいで維持しているのだ。[159]

人口統計学上の議論と、ドイツ人が歴史上の犠牲者だとする議論を結びつけることは、民族至上主義的《フェルキッシュ》・国民主義的な右翼の議論に典型的なものである。今日の学芸欄で見かけるのも、どちらかといえば、土地の不足と人口過剰の不安というよりも過疎化という主題である。

今日のネオナチも、一様に「民族の死」を強弁している。いずれにしても、つねに変わらず彼らの根底にあるのは、集団的な主体としての「ドイツ人」は、つねに「他者」（それが、ドイツ国境の向こう側のポーランド人やフランス人であるにせよ、国境のこちら側の生殖能力の高い移民であるにせよ）の犠牲者だとの決まり文句を主張する、今にも泣き出しそうな気弱な態度なのである。

さて、ユングは長期的にこうした状態を再度ひっくり返したいと思っていた。ユングは、民族の活力や歴史上のふさわしい場所を要求する権利は、出産の増加で示されると考えた。ここでユングにとって灯台の役割を果たすのが、イタリアのファシズムであった。

自らの力を神の恩寵として保護し、脆弱であったり安楽であったりするといった理由で不具になることを防ぐ民族は、まさしく道徳的により高みにある。したがってムッソリーニが「イタリアはたくさんの子どもがいる国であり、そうありつづけようとしている。この子どもたちには土地が必要なのだ」と述べたとき、このムッソリーニの言葉によって、政治はどんなに崇高な道徳も対抗できない、独自の道徳律を得たのである。この事実は、一部の新聞が茶化して行ったどんな揶揄にも変えることはできない。[160]

グリムの『土地なき民』の主張を信じる人たちは、ドイツは過剰人口による圧迫のために没落していくと予言した。その一方で、ほぼ時を同じくして、似たような政治結社のなかで、「民族の死」を積極的に喧伝していたユングのような宣伝家たちは、ドイツ人の出生率の低下こそが危険だと考えていた。いずれにせよこの二つのグループとも、差し迫った世界の終末の危機を回避するためには、国家による劇的な措置と、最高の指導権を付与されたエリートが必要だと考えていたのである。

*

二〇一〇年のザラツィンの時代診断は、一九二七年のユングのそれと完璧に似通っている。SPD党員のザラツィンは、『ドイツは自滅する』のテーゼを次のように要約している。「人口の減少に加えて、特に社会的に不安定な者、知的でない者、優秀でない者が継続的に増加していることがドイツの将来を危険にさらしている」[161]。

ここでザラツィンは、優秀であったり知的であったりする理由を社会化のおかげとするのではなく、遺伝法則と結びつけている。つまり、進歩が達成されるかどうかは、厳しい仕事や十分な職業教育よりも、良好な素質による、というのである。

教育の成功は、個人の優秀さと安定性の指標ではある。しかし、教育による成功者の基本的な性質や質は、個人のなかに生来備わっているものである。それなのに、それが教育の賜物だと信じられているようだ。[162]

ザラツィンは、古典的な人種主義の詭弁を弄することによって、階級に根ざしたエリート論と、優秀さは遺伝に由来するという人種的なエリート論という、二つの伝統的なエリート論の流れを一つに統合する。

犬の訓練士や馬の調教師たちは、動物の気質や個性的な才能には遺伝に由来する大きな差があり、この動物のあいだの知的な才能の差から、彼らは生活の糧を得ている。つまり、同じ種の動物であっても、知能が劣っている動物もいれば、知能が優れている動物もいる、ということである。[163]

ザラツィンは、こうした断定から次のように続ける。「「知能の一部は遺伝する」ということ、そして「異なる知能を持つ住民集団には、異なる生殖能力が備わっている」ということが正しいのであれば、その住民集団の平均的な知能水準は、異なる生殖能力を通して受け継がれた遺伝から影響を受けることになる」[164]。

ザラッィンは、「人間の知能が遺伝する」というこの仮説に依拠して、最終的には彼のベストセラー『ドイツは自滅する』のなかで、様々な形で繰り返されたテーゼ、すなわち、様々な文化圏出身の、平均的な知能指数があまり高くないとされる移民が増えることにより、ドイツ人の全体的な能力が下がるというテーゼをでっち上げる。だから、ドイツは長期的に愚鈍化しており、経済的には破滅に向かっているというのだ。

このプロセスを助けているのが、「ドイツ生まれであっても、今もなお下層に取り残されている人間たちがおり、彼らにはもはや出世など見込めず、「消極的淘汰」が生じている」という事実である。つまり、下層階級のドイツ人は「頭の働きが鈍くなっている」、とザラッィンは言う[165]。

元銀行家のザラッィンは『ドイツは自滅する』のなかで、近年の大量失業は前代未聞であったと述べ、「歴史の終わり」についての彼なりの理解を披露している。彼は、ドイツの社会保障制度が、下層階級の一部の人にあった優秀なポテンシャルすら、完全に枯渇させたと推測する。したがって彼のテーゼでは、戦後生まれの数世代のドイツ人のうち、恵まれた社会保障のもとで「上昇」すらできなかった者は、今後も何も成し遂げられないだろうし、それはその子ども世代にも引き継がれるということになる。ましてや、トルコ、アフリカ、アラビア諸国出身の移民たちには何も期待することができない、と。

このザラツィンの考えは、結局は、「下層階級が社会的に上昇できる可能性は、長期的には組織全体にとって有害となる」というユングの身分制国家における淘汰理論と一致する。このように見るなら、ユングが述べた身分社会の「健全な土壌」は、ザラツィンに言わせれば、近代の社会国家によって破壊されたということになる。そしてこの下層階級からは、もはやいかなる生産性の向上も期待することができないし、社会には価値の低いお荷物だけが残ってしまい、しかもそれが絶えず増加する、とザラツィンは言うのである。

ザラツィンは、こと伝統を重視する準プロレタリアートの移民や、ハルツⅣを受給する近代化の敗者に、ドイツ全体の崩壊の責任を押しつけることで、階級をかさに着た高慢さと人種優越主義との理想的な統合《ジンテーゼ》を成し遂げた。ザラツィンはこの議論によって、純粋なエリート論の言説から離れ、初期の「科学的」人種主義への橋渡しを行ったのである。

ザラツィンのこの議論は、ユングのほかには、「人種衛生学」の創始者であるアメリカの動物学者マディソン・グラント［一八六五～一九三七］とその著作、『偉大なる人種の没落』［一九一六年］を連想させる。グラントはすでに一九一六年に、アメリカ人が今後も「低級な」人種、特にあらゆる黒人、ユダヤ人、アジア人の流入を甘んじて受け入れてしまえば、アメリカの国家と文化が滅亡すると予言していた。[166] また、文明を作り、国家を形成するための文化的ポテンシャルを有することと、「人種の能力」には密接な関係があるとも考えていた。そして、基本的に「北方」人種が最も才能に恵まれた人種だと考えており、これを保護することが政治の本質的な目的であると説いたのである。

このグラントの著作は、アドルフ・ヒトラーに至るまでの、後年のヨーロッパの人種論者たちにとっての指針となった。そしてザラツィンの主張も、この人種論者たちの伝統に立脚している。というのも、ザラツィンも知的能力というものは集団的に遺伝し、また民族ごとに異なっているという仮説を基に、人口政策を通じた具体的な介入を提案しているからである。

その一方で、ザラツィンは、特に第一次世界大戦時の、たとえばSPDの政治家で医師、社会衛生学者のアルフレート・グロートヤーン［一八六九〜一九三一］が宣伝したような、古典的な社会衛生学の考えも引き継いでいる。[167]よりにもよってヨーロッパ中の進歩政党が歓迎した、この社会衛生学の研究アプローチこそが、物質的な貧困状況と、階級社会の人口動態の発展や優生学的な観点とを結びつけるものだったのである。確かに、特に大都市の密集した労働者居住区に関して言えば、この社会衛生学のアプローチは、多くの点で社会の貧困問題の核心を言い当てていた。

しかし、このアプローチが遺伝器質の問題を社会的議論に引き入れ、社会問題と「遺伝的にハンディキャップのある者」に対する不妊の要求を結びつけたことは、最終的にはナチズムによる優生学的実践への道を用意するものとなった。なぜなら、まさにこの社会衛生学という流派が、大いに受容され広まったことによって、結果としてナチ政権は、優生学的な強制措置を実行しやすくなったからである。

したがって、遺伝的に「ハンディキャップを負った」マイノリティが、全体にとって有害であるというザラッィンの議論は、新しいものでも何でもなく、その方法に至るまで、すでに様々な著述家によって先取りされていたものだった。もちろん彼らが危険と見なしたのは、トルコ人やアラブ人ではなく、都市に住むプロレタリアート（と、たいていの場合はユダヤ人も）であったが、とはいえ、やはりグロートヤーンやザラッィンなどのＳＰＤ党員たちが示したこうした思考回路は、ユングのそれよりもはるかに人を苛立たせるものではある。なぜなら、グロートヤーンやザラッィンが社会問題と人種主義を結合させたのと違って、ヴァイマル時代の右翼急進主義者であったユングの主張は、単にエリート的な世界観を論理的に実践に移すよう求めたものでしかなかったからだ。

ところで、もし今日でも、それなりに多くの人がユングの本を知っていたならば、ザラッィンの「労作」をめぐる議論もひょっとしたらそれほど騒がれず、平穏に進んだのかもしれない。というのも、ユングの本を読めば、危機のシナリオだけではなく、それを正当化する根拠もザラッィンの本とよく似ていることがわかるからである。つまり、ザラッィンの議論の本質的な論点は、人種衛生学者によってすでに知られていたもので、ずっと前から政治目的のために用いられてきた議論なのである。「劣等者」が社会の重荷になるという、ザラツィンの「革命的な」認識は、本質的には、歴史的に久しく認められてこなかった考え方を上書きしたものであった。そして、この種の考察は、支配するに相応しいエリートを育成せよとの要求にいつも帰着する。

こうして、ある集団の素質が紛れもなく優れている場合、その能力を発揮できるように、その集団には特別な政治的権利が与えられるか、もしくはこの集団が他人の権利を奪い取ることが当然の帰結だと無意識のうちに誤謬推理されることになる。そして、ごく一部のエリートにしか支配するに足る知性は認められないため、人種衛生学の仮説を基にした社会形態はいやおうなく権威主義的なものとなる。

とはいえ、このような立場でも、近代の開かれた精神とうまく折り合いをつけてはいた。たとえばユングは、没落したドイツ帝国を取り戻そうとするような、単純な反動主義者ではなかった。『劣等者の支配』のなかで、「民族は、よく統治されることを求める権利がある」と述べて、ヴィルヘルム時代のドイツの没落を容認しているからである。もっともユングはその後で、すぐさま「民族が自ら統治できるという思い込みは、自己欺瞞に基づいている」と述べて、主張を弱めてはいるが。[168]

自然？

ザラツィンの世界観は、その先達と同様、ダーウィン主義的な生存闘争の世界観である。ザラツィンが恐れるのは、近代の社会国家が物質的な救援を行うことで、本来ならば淘汰されるべき集団に増加する機会を与えてしまい、その結果として自然淘汰のプロセスが歪められてしまう、ということだ。そして、「貧困を生み出すのは子どもではない。貧困を生み出すのは、子どもを生む生活保護受給者自身なのである[169]」。

スローターダイクとも立場を共有するザラツィンは、人口のなかの非生産的な集団に支援を行うことをやめて、「適者生存」という自然法則に委ねるべきだ、と言う。スローターダイクやザラツィンの思考のプロセスが、非人道的な主張を含んでいることは言うまでもなく、社会的支援が多子化につながる、という短絡的思考にも注目すべきだ。おそらくこの短絡的思考は、世界の広い地域に存在する社会福祉制度のない場所では、子どもが多いということが貧困層にとって唯一の老齢扶助となっている、という明らかな事実と矛盾するだろう。最良の貧困撲滅法は社会福祉政策を中止することだ、というスローターダイクのロジックによれば、社会福祉制度が整備されていないアフリカ、アジアの多くの国々、そしてアメリカでは、とっくの昔に貧困に苦しむ下層民は死に絶えてしまっていなければならない。しかし、実情はその正反対である。

ザラツィンは、馬の調教師や犬の訓練士のたとえを借りることで、権威主義的な人口規制を行ったことで生じた結果と、永遠不変の自然法則とを取り違えるという、皆がよく騙される錯誤にふたたび陥ってしまっている。なぜなら、生存闘争には、一見「自然らしさ」があるように見えるが、その背後には、生存闘争という概念をその文脈上、胡散臭いものに変えてしまう、全く別の衝動が潜んでいるからだ。その衝動とはつまり、自然をコントロールし、支配したいという願望にほかならない。つまり、歴史上の「人種衛生学」や、スローターダイクの言う生命工学的に造成された「人間園」、さらに、いわゆるザラツィンの「ＩＱ値は民族ごとに異なる」という考え方の基底にあるものの正体は、それ自体が明らかに自然からかけ離れている、「人間の品種改良」という妄想なのである。

もし人種衛生学者やスローターダイクやザラツィンたちが、「優等者」の適者生存と「劣等者」の自然淘汰といった、自分たちの主張を実現したいのであれば、本来ならば自然のプロセスに任せておけばよいのだが、彼らはそうしない。彼らは国家の介入によって、自然を操作しようとするのである。この介入しようとする意志は、もともとは生物学から分離したものであって、自己の権利拡大を求める啓蒙思想の伝統に属するものである。

国家の自然への介入の例として、社会ダーウィニズム思想全体に内在する、自然科学の（見せかけの）認識の「社会学化《ゾツィオロギジールング》」［自然科学によって得られた認識を社会的な問題に適用し、これを統計・データなどを用いて分析する学問的営み］を挙げることができる。この社会学化自体は、物質を根本的な実在と捉え、自然科学の成果を哲学的基盤に据える、一九世紀の唯物論的なパラダイム転換によって可能となったものである。[170] そしてこの「社会学化」のなかで、社会政策的な願望とルサンチマンは、自然に対して投影され、これによって自然の規範的要素はカモフラージュされてしまう。つまり、社会ダーウィニズムの議論は、「自然なことは良いことだ」（これは人間の「品種改良」思想と矛盾するが）という、俗流自然主義の誤った推理から利益を得ているのである。

この矛盾を見るならば、スローターダイクやザラツィンらが、絶対的に逆らえない、権威としての自然淘汰の法則を引き合いに出すことは、純粋なプロパガンダにすぎない。このプロパガンダは特に、統計を過度に用いて自然科学の正確性をほのめかすことで、人間の品種改良・遺伝思想という、なんとも怪しげな本質を和らげようとする狙いのために用いられているのである。

7

言論闘争のパルチザンたち

検閲の犠牲者ザラツィン？

注目されるのは、黙示録的な文化批判を行うジャーナリストたちが、終始一貫して「自分たちは犠牲者・殉教者だ」と演出しつづけていることである。現実には、彼らの著作の売上は伸びているし、ほとんどがぼんやりとした彼らの主張は広く世間に受け入れられている。そうした事実にもかかわらず、彼らが自らを社会から厳しく非難されている「タブー破り」だと考えていることは、明らかに矛盾している。

この矛盾はすでに一九世紀から生じていた。実際、前述のパウル・ド・ラガルドや、『レンブラント＝ドイツ人』（一八九二年）の著者ユリウス・ラングベーン〔一八五一～一九〇七〕といった著述家たちは、ドイツ市民層の文化についての自己理解を促すことには大いに貢献したものの、自分たちのことをつねに「荒野で叫ぶ者」〔聖書の言葉で「むなしく警告する者」の意〕と演出していた。オスヴァルト・シュペングラーも、ミュンヒエンにひっそりと引きこもり、在野の学者として執筆活動をしていながらも、世界中で受け入れられた作家の一人である。彼らは、著述家として称賛された一方、自分の周囲を「文化的絶望[171]」という見せかけで固め、自らは国民の繁栄のための、孤独な自己犠牲の道を歩んでいると思い込んでいたのである。

フリードリヒ・ジーブルクのような成功した作家も、「国民のために自分を犠牲にしている」という役柄を演じる名人だった。ジーブルクは、ドイツ人は第二次世界大戦でユダヤ人のように歴史の犠牲者となった（これは五〇年代に好まれた議論である）、という話にお墨付きを与えた。さらにジーブルクは、犠牲者という立場を、きわめて具体的に自分のパーソナリティと結びつけた。戦時中に外交官として出世したジーブルクは、戦後連合国の占領下で、出版活動を禁止されたものの、その後は比較的スムーズに西ドイツのジャーナリズム界のトップに返り咲くことに成功した。そのときジーブルクは、自分のことを、真実を愛し真実を追求したがために迫害された人間として売り出した。ジーブルクは戦後、「自分はつねに危険にさらされている」と主張した。なぜなら、「ありとあらゆることに関して、活発な議論を愛する」がゆえに、自分の議論の相手が「現実の権力者」であることを、「白熱した議論のなかでいつも忘れてしまう」からだった。[172] しかしジーブルクは、この権力者の正体については、これ以上詳しく述べることはしない。というのも、ジーブルクの主張は、「自由を愛するがゆえに権力から迫害されている」という妄想を共有せよ、「迫害を受けた自由な思想家としてのスタイル」を確立せよと、ただ読者を誘《いざな》うだけで終わるからである。

　このように、文化批判のジャーナリズムというのは、発言者が犠牲者の役柄に扮することに習熟しているのだが、その近年の事例として挙げることができるのが、ティロ・ザラツィンを

「言論の自由のための殉教者」に祭り上げようとする様々な試みである。この試みは、ザラツィンのドイツ連邦銀行理事からの解任をめぐる議論により、さらに勢いづいた。そして、ザラツィンがメディアの効果を狙ってドイツ連銀理事を辞任したことにより、さらに劇的に誇張されることとなった。というのも、ザラツィン自身も迫害された者の役割を演じて、いい気になっていたからだった。二〇一〇年、ザラツィンは「フランクフルター・アルゲマイネ新聞」に、その一年を振り返ってこう書いた。

メルケル首相は先頭を切って、かつて聖なる異端審問が行われたように、私の本を禁書目録に載せた[173]。

もちろん、『ドイツは自滅する』は「あまりためにならない」というメルケルの発言と、ザラツィンが、この本は「禁書に指定」されたとする言葉のあいだには大きな隔たりがある。この「禁書」という言葉はザラツィンが非常によく使う言い回しであった。

何週間にもわたって、ザラツィンや「ビルト」紙編集部内のザラツィン応援団は、あたかも『ドイツは自滅する』や「ビルト」紙の記事が、敗北した地下組織が密かに作成する秘密の通信文であるかのような芝居をしつづけた。『ドイツは自滅する』が、ドイツで最も大きな出版社の一つからの要請に応じて書かれたこと、また、本のなかの詳しい一節が、すでに刊行前から比較的「まとも」なジャーナリズムにも大量に提供されていたこと、さらに、本の出版以来、著者のザラツィンが、他に並び立つ者がないほど新聞の大見出しや学芸欄を席巻し、数週間にわたって論壇を支配したことなどの事情に鑑みるならば、この演出は実にグロテスクな印象を与えるものであった。

ところで、検閲概念を歪曲するキャンペーンの頂点は、「多分ここまで言っても大丈夫だろう」という見出しをつけた二〇一〇年九月四日号の「ビルト」紙だった。

この特集は、「ビルト」紙が「言論の自由のために勇気ある戦いをしている」ことを演出したものだった。こうした演出の一つとして「ビルト」紙は、高級文化《ハイ・カルチャー》に属する「詩」と、巷の移民問題とを統合しようとすらした。この試みに応えたのが、編集者のアルムガルド・ゼーガースである。ゼーガースは、「私たちはいかなる言論封殺も望まない」という寄稿文のなかで、「f」で始まる頭韻法を使って、移民は「落ち着きなく、怠惰で、信心深い（fickrig, faul und fromm）」と述べた。そして、シュプリンガー社傘下の「ハンブルク夕刊新聞」の文芸部長であり、文化批評家ヘルムート・カラーゼク［一九三四〜二〇一五］の配偶者でもあるゼーガースは、自分は「詩人と思想家の国」であるドイツに帰属している、と告白したのである。ゼーガースはその寄稿文のなかで、次のような、彼らの環境《ミリュー》に典型的な検閲概念の解釈を披露した。

六〇〇名ものジャーナリストが、ティロ・ザラツィンの本の出版発表会にやってきて、このプレゼンテーションがTVでライブ中継されたという事実が、ドイツに「言論封殺」が存在するということを明らかにしている。いや、もしかするとそれが存在すると口に出すことが、もはや「言論封殺」には欠かせないことなのかもしれない。[174]

また、「ビルト」紙だけでなく保守派の社会学者・評論家ノルベルト・ボルツ［一九五三〜］も、ザラツィンがあらゆるメディアに登場したにもかかわらず、ドイツ社会には「言論封殺」があると考えている。[175]

その一方で、特に「若き自由」も、ザラツィンをめぐる流行に飛びつき、何度も彼の肖像で新聞の表紙を飾った。そして、SPD党員のザラツィンを政治的に迫害された体制批判者へと祭り上げ、数週間にわたり繰り広げられてきた議論のなかに、「言説の封殺《ディスクルスフエアボート》」が働いていることを、全体として見て取ったのだった。[176]

ここで露わになったのは、「若き自由」が現実を受け入れることを明確に拒絶しただけでなく、嘆かわしいことに、言説の理論に対しても無知だったという点である。そうではないというならば、「若き自由」は、「言説」が「封殺」されることなどありえないと知っているはずだ。

確かに、新聞や政党や本などは禁止することができるし、今回のザラツィンのケースで、検閲という言葉を使うことは全く適切ではないが、政治的な検閲が行われることは現実にありうる。しかし言説というのは、そもそも阻むことなどできない。そして注意すべきは、政治的に好ましくない立場を抑圧するために、検閲という強制措置を取ってしまえば、たいていの場合は、逆に言説の価値を高めることになるということだ。そして検閲すらも、すぐに言説のなかに統合され、検閲それ自体が言説の一部となってしまうのである。

ともかくザラツィンの本は、検閲などと言えないほど、メディアで甚だしい宣伝広告がうたれた。ところが「ビルト」紙や「若き自由」といった、いつもなら批判を喜ぶ右翼の新聞でさえ、ザラツィンが声高に唱えたテーゼに対する論壇からの激しい批判を、「検閲だ」と非難した。しかし普通に考えれば、真剣な議論には批判がつきものであり、いくら歪曲しても、批判を検閲と同一視することなどできない。したがってザラツィンのケースで垂れ流された「言説の封殺《ディスクルスフエアボート》」という言葉は、純粋にプロパガンダの決まり文句にすぎない。それどころか、反論や批判を検閲だと言い立てることで、むしろ反論を黙らせたいという願望すらほのめかしてしまっているのだ。

こうして、ザラツィンを「開かれた言論」の英雄へと飾り立てていく過程で、非常に権威主義的な願望を、公然と唱えることができるようになっていった。作家ヘルマン・L・グレムリーツァ［一九四〇～二〇一九］は、この「言論封殺」をめぐる大騒ぎのなかに潜む願望を、次のように要約した。

> 言論の自由を求める声は、検閲を求める声となる。つまり、ザラツィンの人種論への反論は、禁止されてしかるべきだという要求に変わる。[177]

結局ザラツィンは、『ドイツは自滅する』の批判者たちに対し、非常に下品な言葉をばら撒いたことによって、自ら検閲を要求していることを証明した。この結果、マスメディアのザラツィン・ウォッチャーたちは、ザラツィンには議論する能力すらないと認めるに至ったのである。[178]

同じようなことは、ペーター・スローターダイクの「人間工学的転回」をめぐる議論の文脈でも起きた。この議論では、文学理論家カール＝ハインツ・ボーラー［一九三二〜］が犠牲者の情念《パトス》を利用して、明らかに道理に背くようなことを行った。

メタファー理論に精通するボーラーは、哲学者アクセル・ホネット［一九四九〜］がスローターダイクに対して詳細な批判を発表したことを受けて、「フランクフルター・アルゲマイネ新聞」紙上で次のような批判を展開した。曰く、「フランクフルト学派の哲学者アクセル・ホネットの批判は、自由な精神の持ち主ペーター・スローターダイクに対する殺人未遂」であり、

「殺害意図」すら込められた、「処罰行為」である、と。[179] このボーラーの暴発は、個人的な動機によるものであり、こんなことで世間を煩わせるほどに、ボーラーは落ちぶれてしまった。

さらにボーラーは、税務署で納税申告するときにいきなり激怒して、ぎゃあぎゃあと喚き立てるような小市民へと変貌する。彼は、ドイツという国が、「たとえ相当の額を学問や文化の表彰のために費やしているとしても、きわめて正当に得られた不労所得を、私たちやその他の多くの人たちから強奪する社会国家に落ちぶれてしまった」と痛罵したのである。

だから、ボーラーが、ホネットのスローターダイクへの批判を殺人や殺害と捉えたり、税を「個人を標的にした処罰」としか見なかったり、さらに「フランクフルター・アルゲマイネ新聞」でプロイセン・ユンカー（109ページ参照）のような言い方で傲慢にこの二人（スローターダイクとホネット）の議論のことを、「愚民受けする憤慨」などと書いていたりしても、何ら不思議ではないのである。

カール・シュミットとともに、自由のために？

伝統的な英雄を重んじる国粋主義陣営の風潮からしてみれば、ザラツィンのように自らを犠牲者として演出することは、一見すると苛立たしいもののように見える。しかし、ザラツィンの先達にあたる、国粋主義の潮流に属したヴァイマル共和国期の右翼急進派も、ヴァイマル共和国が右翼陣営からの攻撃（そうそう起こりはしなかったが）に対して抵抗しようとしたときには、「共和国こそが抑圧的な体制だ」と政府を貶《おとし》め、自分たちを犠牲者として演出する術を知っていた。

この例として、ヨーゼフ・ゲッベルス〔一八九七～一九四五〕が、ヴァイマル共和国のことを反対派を武力で弾圧する「ゴム製警棒の共和国」だと、たびたび演説していたことを挙げることができよう。ゲッベルスは、ヴェルサイユ条約への不平不満や、ドイツ・ライヒの人口圧力なども利用して、被害者の立場に居直ったのである。

さて、犠牲者のレトリックは使いたいが、公然とゲッベルスを手本にすることが社会的に許されない現代の右翼たちにとっては、戦後カール・シュミットが導入した「パルチザン」という概念が重要になっている。

「パルチザン」には、占領軍への抵抗運動や、内戦・革命戦争で非正規の軍事活動を行う戦闘員という意味合いから、防衛的な立場が含意されている。だから現代の右翼たちは、この「パルチザン」概念を利用して、犠牲者の立場を自己演出することの、道徳的な価値を高めることができるのだ。こうして、「パルチザン」という形のなかで、道徳的な優越性と国粋主義者の伝統的な英雄主義とを融合することが可能になるのである。

パルチザンの防衛的な立場は、行為主体《アクター》を侵略者という非難から解放してくれるため、国粋主義者にとっては、とりわけ魅力的なものに映る。こうして、国粋主義者のなかに、占領者に対する抵抗運動の闘士、「パルチザン」が誕生することになる。「国粋主義者とは防衛する者である」という主張は、今日の右翼陣営では、ほとんど例外なく広く受け入れられており、これが一九四五年の敗戦以降、右翼陣営の政治的な支えとなっていく。

シュミットの「パルチザン」は、エルンスト・ユンガーの「森を往く人《ヴァルトゲンガー》」のイメージとかなり似ている。実際、シュミットは『パルチザンの理論』を考えるうえで、「巨大な主戦線の傍らで密かに戦争を遂行する存在」という、このユンガーの「森を往く人」というイメージを参考にした。[180] しかし、パルチザンというイメージを構想するにあたっては、新左翼の英雄、特にアジアの毛沢東［一八九三〜一九七六］やホーチミン［一八九〇〜一九六九］、ラテンアメリカのフィデル・カストロ［一九二六／二七〜二〇一六］やチェ・ゲバラ［一九二八〜一九六七］といった革命家たちもお手本にしていた。これは、『パルチザンの理論』執筆当時のシュミットの、反帝国主義という時代的な思潮に対する譲歩であったのか、あるいは本当にシュミットが、新左翼ゲリラの小規模な戦争活動は、アメリカやソ連といった巨大な帝国を困難に陥らせる可能性があると評価したためだったのかは、ここでは問わないでおく。

シュミットが新左翼の革命家をお手本としたことによる副次的な効果としては、今日シュミットの理論を用いてグローバル化に反対する国粋主義者たちが、自分たちの抵抗活動を反植民地主義闘争として、つまり道徳的に正当なものとして売り込むことができるようになった点を挙げることができるだろう。こうした理由から、ヨーロッパの右翼はここ数年来、「アメリカニズム」の浸透に反対する、一種のインティファーダ（蜂起）を結集する際に、カール・シュミットを援用するのである。[181]

ヨーロッパ右翼にとって特に有用なのが、パルチザン概念だけが持つ特徴である。シュミットは、「非正規性」、「高度化された遊撃性」、「政治的関与の強さ」、そして特に「土地的性格」をその特徴として挙げている。[182]この「土地的性格」は、「土地、土着の住民や陸地の地理的特性との結びつき」から来ている。[183]パルチザンがパルチザンという立場を捨て去って、土地との結びつきを失えば、パルチザンは戦略上のメリットを失い、「場所を喪失する《エントオルテン》」危険に身をさらす。そうなれば、パルチザンはもはや特別な存在ではなくなり、正規軍という大きな全体の一部分となってしまうだろう。このように、パルチザンの「土地的性格」というのは、パルチザンを道徳的に優れた立場に据えるだけでなく、闘争のなかでパルチザンの立場を強めるものでもあるのだ。つまり、シュミットによって形而上学にまで高められた「愛着ある土地への近さ《ハイマートネーエ》」が、パルチザンの特別な力の源泉なのである。

*

こうしてシュミットによって、パルチザン概念の適用範囲は軍事的領域におさまるものではなくなった。特にパルチザン概念に先述のような特別な政治的意味を与えることで、パルチザンという存在は別の論争の形態を取ることが可能になった。さらに注目すべき点として、シュミットのパルチザンの定義には、すでに言論闘争におけるパルチザン活動が含まれているということが挙げられる。

パルチザンはドイツ語で党派人《パルタイゲンガー》を意味する。これは、党派《パルタイ》と行動を共にする者という意味である。そして、この党派人の具体的な意味は、党派人が参加する党派や戦線によっても、党派人の同伴者、追随者、戦友、さらには捕虜仲間となった者によっても、時代ごとにきわめて異なっている。たとえば、戦争遂行を支持する推進派《パルタイ》、裁判訴訟グループ《パルタイ》、議会制民主主義の諸政党《パルタイ》、意見および行動をともにする党派《パルタイ》などが挙げられる。また、ロマンス諸語では、パルチザンという言葉は名詞や形容詞として使用することができるし、なかでもフランス語では、何らかの意見の盲目的支持者《パルチザン》という言い方すら通用する。つまり、まったく普通の多義的な名称から、突如高度に政治的な言葉が生成されるのである。[184]

このパルチザン概念が軍事的な分野を超えて、世界観をめぐる議論にまで転用されているのは、シュミットによってそのように構想されたというだけでなく、まぎれもなくそう意図されたものだからである。そうした意図に加えて、シュミットの「パルチザン」構想は、犠牲者という演出上の戦術が、いかなる戦略に基づくものなのかということも示している。たとえば、一九四五年以後のシュミットに顕著に見られる傾向は、とりあえずすべての党派《パルタイ》を「パルチザン」にしようとすることだった。冷戦下の脅威が均衡している段階で、唯一取りうる行動は、非正規闘争しかなかった。なぜなら正規の戦争は、米ソが核兵器を互いに配備することで遂行が不可能になっていたからである。このシナリオでは、たとえワルシャワ条約機構締約国のソ連や東欧諸国が崩壊してしまったとしても、今日の右翼の頭のなかで冷戦は続いている。そして冷戦時代の共産主義の危険に代わって、新たな敵となっているのが、西欧リベラリズム、グローバル化した近代、そして移民である。右翼にとって、こうした敵に対する闘争は、大規模な軍隊を必要とせずに遂行できる、永続的な内戦、または植民地戦争、つまりは非正規闘争なのである。

他方でこの非正規闘争は、硬直した大規模戦争に代わる遊撃隊《デタッチメント》戦争ではなく、大規模攻撃を準備するために行われる戦いでもある。なぜなら、敵の後背地で活動するパルチザンによる小規模戦争は、つねに正規戦力と連携しなければ成果を挙げることができないからだ。この原則に従うなら、エリート論の代表的人物たちは、ある意味で最小単位のパルチザン部隊として機能していると言えよう。そして、彼らが取る戦略の一つが、反応の鈍い行為主体《アクター》——諸政党《パルタイ》、メディア、世論——を追い立てて煽っていくことである。これら諸政党、メディア、世論は、一方で撲滅すべき敵でもあるが、他方ではパルチザンが穿《うが》った針の刺し傷を広げ、最後の最後に勝利を運び込んでくれる、同盟者となる可能性があるからだ。

ザラツィン論争の過程で、「自由な言論の権利の擁護者」をうそぶいたザラツィンの発言が並んだ「ビルト」紙の見出しなどは、まさにパルチザンを助ける正規軍の様相を呈している。もっとも、パルチザンの行動は、事態を劇的にエスカレートさせる危険性をはらんでいる。シュミットの理念的なパルチザン構想によれば、感情なく、ただ義務を果たすのみの正規兵とは対照的に、パルチザンはまさにその政治的性格のために、戦闘の結末がどのようなものとなるのかを予測することが困難となる。なぜなら、パルチザンは「真の敵対関係」を有しているからである。

現代のパルチザンは、敵に対して法の遵守も罪の赦しも期待しない。現代のパルチザンは、抑制され枠付けられた戦争という従来の敵対関係から、別種の、真の敵対関係へと変化した。真の敵対関係は、テロに対してテロで対抗することで、絶滅に至るまでエスカレートする。[185]

これほどまでに道徳的価値が高められた、パルチザンというイメージに最もふさわしいのは、自分がタブー破りであり、殉教者であると振る舞うことである。ザラツィンをめぐる議論の参加者たちのなかには、しばらく前から、このように公然と振る舞いながら論争に割り込んでくる者もいた。

このタブー破りという環境《ミリュー》のなかで、パルチザンのイメージが持つ馬鹿げた通俗性も明るみになった。ハイモ・シュヴィルクは、二〇一〇年一一月の時点でもなお、ハンス゠ユルゲン・ジーバーベルクが、メクレンブルク゠フォアポメルン州ノッセンドルフにある、父親の家屋敷を建て直す際に起きた自治体との間の諍いのなかに、パルチザンの痕跡を見出すことができると考えた。[186]

ティロ・ザラツィンも、自らを抑圧的な権力に立ち向かう反抗者として演出する。ザラツィンの敵は、「懐柔してくる者たちや見下してくる者たち」[187]、「善意の人たち」や「六八年世代」

からなる勢力である。こうした勢力に対し、ザラツィンは、宗教改革者のように死を恐れることなく「我ここに立つ。私はこうするより他はない」［M・ルター［一四八三〜一五四六］がヴォルムス帝国議会（一五二一年）の場で行った発言］とでも言うかのような態度で、これに対峙する。そして、「若き自由」はザラツィンのことを、自らの論題を貼り出した新たなルターだと称賛したのである。

*

アルノルト・ゲーレンも同じく、社会的には劣勢にあるものの、新しい道徳の支配に敢然と立ち向かう正義の闘士だという主題を利用している。

後年のスローターダイクやザラツィンが見出した行為主体《アクター》と似たようなものを、ゲーレンはすでに六〇年代に見出していた。ゲーレンの敵は、特に戦後西側占領国によって支援された西ドイツの知識人たちである。ゲーレンによれば、彼らのせいで旧来型の権力政治を志向する道徳倫理は、過剰な人道主義という上位の「検閲機関[188]」に服従を強いられてしまった。

さらにゲーレンは、カール・シュミットの強い影響のもと、この道徳的に引きずられた論争のなかでは、片方の側しか勝利できないことを見出した。そしてその論争が、市民社会のなかで相手の市民生活を破滅に追い込む可能性のあることを見て取った。ここで興味深いのは、ゲーレンがこの論争のなかで、保守主義の立場に立って、社会的疎外を発見していることである（もっとも、六〇年代当時でも今日でも、社会的疎外というのは現実に即したものとは言えないのだが）。

通常の場合、運命を共有する者たちは、自分たちの周りで通用する評価を、独自の評価と感じる。しかし、社会の伝統が政治的にばらばらに壊れてしまえば、彼らは様々な集団へと分裂し、互いに相対立する倫理の形を主張するようになる。今日、この対立はマスコミによって大々的に報道されることで、一種の危機的状態が作られることになり、すぐに広く知れわたる。この危機のなかで、言論の敵対者を「反対派」集団として隔離することで社会的疎外の傾向が強まっていく。この社会的疎外は、道徳的非難によって、より効果が強められる。このようにして、死者のように沈黙を強いられた者は、非難することも、自らを弁護することも、証言することすらもできなくなるのだ[189]。

オルテガ・イ・ガセットは、こうした隠語と結びついた、敵の完全な殲滅《せんめつ》にしか終わらない全面対決のジェスチャーを、すでに一つのエリート論の定式へと昇華させている。オルテガは、あらゆるものを飲み込んできた大衆は、大衆から卓越したエリートという主体との戦いのなかで、無慈悲な戦闘員となって現れると考えた。

（この大衆は、）異なるもの、卓抜なもの、個人的なもの、資質に恵まれたもの、選ばれたものすべてを滅ぼす。「みんな」と違う人、「みんな」と同じように考えない人は、排除の危険にさらされる。この「みんな」が本当のみんなを表していないことは明らかだ。「みんな」とは通常、大衆と、大衆とは異なる考えを持つ、特別なエリートとの複雑な統一体であった。しかし、今日、「みんな」とは、ただ大衆をさすだけである。[190]

こうしてエリートたちは、非特権階級たる大衆との戦いのなかで、ついにパルチザンとなり、自分たちのことを全体主義による迫害の犠牲者と見なすようになるのである。このように考えて初めて、ザラツィン論争のなかで見られた、一部の過激な言葉を使った表現を説明することができる。それは、血なまぐさいメタファーを使うことで、絶滅の意志を敵対者になすりつけるだけでなく、「敵は敗者を完全に絶滅させてしまうのではないか」という、勝手な推理が許されるようになったことを物語っている。

敵を規定すること――「善意の人」

そもそも人間集団に様々な価値があると想定することは、エリートたちの考える身分制国家の理念においても、文化の「大衆化」への不安においても、共通する基本的な事柄である。したがって、個人の差異という意味ではなく、人は様々な特権を受ける権利があるという意味で、エリートたちは基本的に不平等を肯定する。こうした点からも、エリートたちが政治的に右翼陣営に属していることは明らかである。これとは反対に、啓蒙時代以来、平等性の思想を基に構成されてきたのが、政治的左翼である。

当然、社会的不平等を肯定する政治的右翼は、連帯、共感、穏当な社会行動といった価値を強調するヒューマニスティックな西欧の人間観と衝突する。だから、エリートが志向する政治というものが、センチメンタリズムと感じられるどんな種類の感情移入をも頑として拒絶することは、当然なことなのである。

ここで、新たに国民的な敵のイメージとなっている、「善意の人《グートメンシュ》」というやっかいなテーマを引き合いに出さなければならない。

「善意の人」は、「六八年世代」の遺産と考えられており、「六八年世代」の亡霊である「善意の人」という言葉は、「若き自由」から『シュピーゲル』まで、あらゆるオンライン・フォーラムや記事のなかに見出すことができる。この「善意の人」というイメージは、言論を封じ込める検閲を非難するために補完的に構想されたものである。この「善意の人」という広く普及した幻影は、現実に知覚できる抑圧的な検閲を行う行為主体《アクター》なのである。

この検閲の力は、決して詳細に語られることはない。それ故に、人種主義者たちは「「黒人《ニガー》」は全員なまけものだ」と自由に言うことができないし、反ユダヤ主義者たちは「ユダヤ人は「暴利を貪る」」という彼らの考えを正そうとする声を恐れるし、「同性愛者は「自然に反する」」という発言も、「善意の人」のせいで地下でしか通用しない。「善意の人」は、差別的な言葉で一般的な人権を抑圧する行為に対して、持てるなかで最も強い武器、つまり「批判」を展開する。そして「善意の人」のこうした批判活動は、しばしば第三帝国や東ドイツの当局と同一視されたりもする。なぜなら、これらの体制も反対者に対する批判を、度が過ぎるほど好んでいたに違いないからだ。

ザラツィンも、「善意の人」という規定を好んで用いる。ザラツィンは先だって、国政レベルで能天気さが蔓延している事実を調査し、これを引き起こした原因を、「六八年世代」にあるとした。と同時に、自分の支持層に対しては、現実の厳しさや罰則の恐怖から目をそむけさせ、面倒見の良いソーシャルワーカーの常套句を用いて、過剰なまでに甘やかしている。

ザラツィンにとって、反ザラツィン「キャンペーン」の背後に隠れているのは、不特定多数の「善意の人」であることは言うまでもない。だから声を大にして、「私があるインタビューで何気なく、セーターを着ればそれだけ暖房を使う必要がなくなるのでエネルギーコストを節約することができると述べたとき、いわゆる「善意の人」が自分を激しく批判してきた」と不平を言い立てるのである。[191]

本書で挙げてきたあらゆる主題と同じく、この「善意の人」という敵のイメージも新しいものではない。そして「善意の人」が、単なる純朴な道徳家《モラリスト》だという誹謗中傷は、「善意の人」という概念の誤解に基づく。確かにドイツ語の新造語に関するある文献が、「善意の人」という概念の初出が一九九二年の『メルクーア』誌であることを突き止め、そこでは「善意の人」が「道徳家」と同じ意味だと定義されていることを明らかにした事実がある。しかし、「善意の人」という概念を、本当の意味で最初に世に広めたのは、間違いなく一九九四年に出版された『善意の人辞典』であった。[192]この二巻本の編者である出版人のクラウス・ビッターマン［一九五二〜］と風刺作家のゲルハルト・ヘンシェル［一九六二〜］、および作家のヴィグラーフ・ドロステ［一九六一〜二〇一九］は、おそらくこの『善意の人辞典』が、これほどまでに大きな論争を引き起こし、華々しい成功を収めることになるとは、夢にも思わなかっただろう。

そもそも『善意の人辞典』の出版目的は、左翼の「道徳的に正しいとされる空疎な言語」を批判することにあった。八〇年代のドイツ左翼は、問題を分析するよりも感情を優先する「当惑文化」［人権上問題があるとされる問題に「当惑」し、これに関与・対応しなければならないと考える「左翼の集団性向」を揶揄する用語］に基づいて、「空疎な隠語や信念に基づく言葉」を用いてきたからである。

心の気分を表す、内容のない言い回しを集めて注釈を付けたこの出版物のお手本となったのは、一九世紀フランスの小説家ギュスターヴ・フロベール［一八二一～一八八〇］の『紋切型辞典』であった。また、読者にとっては悪趣味に見えるが、ある造語を手がかりにして、時代の精神的混乱状況を明るみにしようとするこの本の試みは、たとえ議論を真面目にやるのではなく、おふざけの色が濃かったとしても、言語学者ヴィクトール・クレンペラー［一八八一～一九六〇］の『第三帝国の言語「ＬＴＩ」』［一九四七年］や、あるいは一九五七年に出版された『人でなし語辞典』といった伝統にも立脚するものであった。

この『善意の人辞典』に寄稿した著者たちの多くは、自ら左翼であることを実践してきた人たちであり、この辞典は左翼による自己批判のプロジェクトでもあった。このプロジェクトの最も重要な課題は、左翼の先達が最も憎んでいた単純朴訥な道徳主義の罪を、現代の左翼に押しつけることとよって、考えることを毛嫌いする精神的肥満状態に陥った現代の左翼を脅《おど》しつけることだった。

西ドイツ時代の後半に見られたセンチメンタルな「気分を重視する文化」については、ヘンシェルが書いた序文でも言及されている。ヘンシェルは、侮蔑を込めて「一九六八年世代の最良の伝統は、この環境《ミリユー》のなかで軽はずみに失われてしまい、その名称には愚鈍な気配さえ漂っている[193]」と述べた。

この辞典には、両巻にわたって、しばらく後に「善意の人」を闘争概念として習得することになる新右翼の支持層との関係を整理しようとする文章が見られる。たとえば「自覚ある国民」という語句に関する項目には、次のような説明がある。

> いまや善意の人は、左翼由来の恥ずべき例外を除いて、自分の居場所でもあり自分の出身地でもあるところにたどり着いた[194]。つまり、全国民に向かって騒ぎ立てるという右翼お好みの境地に。

辞典の他の項目でも同様に、「左翼という偽りの人生」や「ドイツ人の自己嫌悪」といったものについての、時世を反映した愚にもつかない無駄話を的確に扱っている。この『善意の人辞典』の文章は、「善意の人」という概念をあまりにも気楽に口走ってしまう今の人たちには、かえっておすすめかもしれない。これを読めば、自分自身が「善意の人」であることがわかるかもしれないからだ。しかし残念ながら、必読書というものはつねに、最も必要とする読者には届かないものである。

そのため、いまや「善意の人」は、『善意の人辞典』の著者たちが意図したこととは完全にかけ離れた概念になってしまった。一九四五年もしくは一九六八年に始まった祖国の没落が「外国人」によって完遂されようとしている、といったことに疑義を挟んだり、ドイツ人もユダヤ人と同じくナチズムの犠牲者であり、ドイツはその特有の歴史ゆえに他国に対する指導的な役割を与えられている、といった考えを理解しない者すべてが、「善意の人」呼ばわりされてしまうようになったからだ。

こうして、左翼による『善意の人辞典』の、風刺をきかせた言語批判の方法は、当初の目論見と異なり、反対陣営の右翼に受け入れられることとなった。一九九五年に、ある意味で『善意の人辞典』に追随したと言える『ドイツ語フレーズ辞典』が、元左翼で右翼に転向したジャーナリストのクラウス・ライナー・レールによって出版された。[195]この本は、以前ソフト・ポルノを出版していた出版社が、ポスト六八年世代の、「政治的に正しい」言論との関係を清算するために出版したものだといわれている。レールが左翼の出版人から国民保守派へと転向したことは、レールの生活環境、つまり左翼テロリストでドイツ赤軍(RAF)の中心的存在だった、ウルリケ・マインホーフ[一九三四～一九七六]との婚姻関係を総括することに、実際に役立ったようだ。[196]

レールは、『ドイツ語フレーズ辞典』出版時（一九九五年）には、すでに新右翼の面々と付き合いを始めていた。実際レールも、論集『自覚ある国民』（一九九四年）の執筆者の一人だった。そしてレールは、ドイツ終戦五〇周年に当たる一九九五年五月八日、『自覚ある国民』の編者ハイモ・シュヴィルクとウルリヒ・シャハト、そして同じく『自覚ある国民』のなかで自説を述べた歴史家ライナー・ツィーテルマン［一九五七〜］とともに、ヴァイツゼッカー大統領によって定着していた一九四五年の「第三帝国」の降伏を「解放」と見なす評価に対して、抗議声明を発表する際の主導的役割を担ったのである。

レールのこの『ドイツ語フレーズ辞典』は、「若き自由」が翌九六年に提起することになる、「反PC［政治的正しさ《ポリティカル・コレクトネス》］」キャンペーンを準備するものだった。この「善意の人」や、いわゆる「政治的正しさ」の独裁に対して嘆くことは、今日、ザラツィンやその支持者たちの言論の中心的な要素となっている。この嘆きは、社会のメインストリームに届くように、歴史政治に関心のある集団によって維持されつづけてきた。そしてこの嘆きは、かつてゲーレンが、元ナチの高官を批判する人間たちの「超道徳」的な行為を攻撃したことを受け継ぐものであった。文学研究者のマティアス・ローレンツ［一九七三〜］はこう断言する。

（特にこの）「政治的正しさ」という現象は……、敵によって藁人形として仕立て上げられたものである。この藁人形に剣を叩き込むのは、剣術のお稽古程度の至極簡単なものだったので、それだけに一層、「保守派」によって実際に行われた、「ＰＣが肥大化している」というデマはひどいものになった。「保守派」が引用してくる、ひどい「ＰＣ」のエピソードは、第一に、普通はかなり省略されるか、完全に歪曲されるかしたものであり、第二に、いつも同じ話の繰り返しであり、第三に、風刺をきかせた「ＰＣ」辞典が出典であったこともまれではなかった。[197]

結局のところ、この「政治的正しさ」や「善意の人」という概念に対する、保守派の誇大妄想は、心理学で言う防衛的攻撃［自分の権力や立場が危険にさらされていると感じ、怒りや不安を覚えるとき、あらかじめ危険の原因を除去しようと攻撃する心の働き］の興味深いヴァリエーションの一つにすぎない。この場合、防衛的攻撃は倫理的優越性が疑わしい立場に対して向けられるものであり、同時に、自分が「善意の人」ではないということ、つまり、いまはもう特定の排他的な利害関係のなかでしか行動することができないということを、文字通り主張するものなのである。

より仔細に観察すれば、「善意の人」に対する攻撃は、現在見られるものよりもずっと以前にまで遡ることができる。すでに一九世紀の終わり頃に、プロイセンの歴史家ハインリヒ・フォン・トライチュケ〔一八三四〜一八九六〕によって発表されたある出版物をきっかけに、いろいろな点で今日のザラツィン論争と比較することのできる大きな騒動が生じていた。

トライチュケは、一八七九年の『プロイセン年誌』に論文「われわれの見通し」を発表し、近代の反ユダヤ主義の原典となるものを生み落とした。トライチュケはこの論文のなかで、東欧のユダヤ人がライヒを脅かしているとでっちあげて、ザラツィンよりはるか以前に、ユダヤ人と移民の同化問題とを混同した。

＊

しかし、尽きることを知らぬポーランドの揺りかごから、私たちの東部国境を越えて、年々歳々功名心に富むズボン売りの若者たちの群れが流れ込み、その子や孫がいつの日か、ドイツの金融界と新聞を支配することになるのである。かれらの流入は目に見えて増大しており、したがってこの異質の民族をどのようにして、わが民族と融合させるべきかがいよいよ重大な問題となってきている。[198]

さらにトライチュケは、「めざめた民族の良心は、とりわけ、現代の軟弱な博愛主義に対しても向けられている[199]」と、今日なら「善意の人」と呼ばれるであろう立場に対する、月並みな攻撃も行っている。

当時の「博愛主義」に対する厳しい評価がなされた背景には、ヴィルヘルム時代の重い懲役刑を科された受刑者へのあまりに人道的な処遇に反対した、あるパンフレット〔ドイツ帝国最高裁判所裁判官O・ミッテルシュテット著『自由刑に抗して』（一八七九年）〕が批判にさらされていた事実がある。ミッテルシュテットを擁護したトライチュケのこの文章は、ザラツィン擁護者の反応と驚くほど似たところがあった。

この厳密に事実を記した『自由刑に抗して』が、過激諸派の抗議集会や悪意ある反対決議の対象にされているのはなぜか。それは博愛主義の常套句の英雄たちが、この勇気ある著者の書いたことが、個々の点では問題があるにせよ、本質的なところでは何十万もの人びとがまさに抱いている思いを、言葉にしたにすぎないことをひそかに感じているからなのだ。[200]

こうした例に見られるように、すでに一九世紀のドイツでも、他人に対しては優しく振る舞うことが習いとなっていた一方で、マイノリティに対しては呵責なく発言することが大喝采を得ていたのである。

それから半世紀も経たないうちに勃発した第一次世界大戦時には、特に「文化」と「文明」の対立が大いに人気を博した。この対立は、ドイツからすれば、「文明」は軟弱な西欧を代表するものであり、民主主義的・博愛主義的な理念によって拡大した西欧は文化や将来を持続させる能力がないという、一九世紀後半の主張と似たようなモデルに倣ったものだった。

ドイツ帝国時代のナショナリズムの担い手たちは、すでに人道主義が国民文化の基盤を脅かすものと見ていた。たとえばトーマス・マンは『非政治的人間の考察』のなかで、西欧文明の持つ理念の影響についてこう書いていた。

目下叫ばれているのは、ドイツの政治化、文学化、知性化、急進化である。これは、ラテン語圏の政治的な意味ではドイツの「人間化」だが、ドイツ的な意味においてはドイツの「非人間化」にすぎない。……あるいは、文明の文士が愛用する勇ましい雄叫びの言葉を用いるならば、ドイツの「民主化」となろう。つまり、すべてを総括し、通分すれば、ドイツの「非ドイツ化」が叫ばれているのである……こうしたとんでもない狼藉に、果たしてわたしもひと役買っているのだろうか。[201]

今日行われている「政治的正しさ」に対する悪意ある非難と同様のものを、『非政治的人間の考察』のなかに見出すことができる。トーマス・マンはすでに、過度に戯画化した「文明の文士」（兄のハインリヒ・マン［一八七一～一九五〇］に対する侮蔑の言葉であることは明白）という、マンが好んで取り上げた想像上の敵のことを「協商にふさわしい[202]」存在と捉えていた［「マンは、第一次世界大戦においてフランス、イギリスなどの「協商」陣営を「西欧文明」の象徴として描き出し、これに対してドイツが遂行する戦争を、「ドイツ文化」を守るための戦いであるとして擁護した」］。この言葉は、ドイツ帝国時代にＳＰＤ党員に対して贈られた、「祖国の喪失」という非難に対応するものであった。

こうした、ドイツ文化と文明とが対立をしていることをはっきりと表明していた、かつての危機を煽るジャーナリズムと、現代の危機を煽るジャーナリズムとをつなぐのが、「善意の人」という呪文なのである。

こうした思想の延長で、一九六九年にアルノルト・ゲーレンも、社会民主主義や学生運動に宛てて、「善意の人」と概念的に驚くほど近い、ごまかし・策略・ペテンに満ちた文章を発表している。ゲーレンは『道徳と超道徳』において、フランクフルト学派の影響のもとで左傾化していった青年を、先述の「善意の人」のネガとなるような主題として扱っている。ゲーレンは純朴な道徳家の青年たちの先達を、禁欲主義的心情を説き、世界市民主義を唱えた古代ギリシャのストア派〔ギリシャ哲学の一派。キプロスのゼノン（紀元前三三五～紀元前二六三）により創始〕の哲学者たちのなかに見出し、このストア学派から不幸が始まったと指摘する。彼は、ストア派の言う「平和な自然状態」は、ギリシャの哲学者ゼノンが理想的な社会のイメージを描いたときに、すでに最初の政治化を経験していた、と言う。

> 人間は、牧歌的に草をはんで生きる家畜の群れのように、ただ理性に基づく法にのみ導かれて仲良く暮らしていた。人間は文章で法律を表現する必要がなかったし、制度も、婚姻も、私有財産も、もちろん裁判所も存在しなかった。なぜなら、当時は善良な人びとしかおらず、男性と女性は互いに対等に並びたち、また外見上も同じ衣服を着ていたからだ。これこそが、最悪の意味での善良な人びとである。[203]

これに比べてゲーレンが、隣人愛の思想に基づいたキリスト教会を、「保守的な制度」だとして、特別に評価しているのは矛盾していると言えよう。

とはいえ、ゲーレンがドイツ左翼の道徳化された説教がましい態度への非難のなかに、自身の立場変更を含ませているのは注目すべきことである。「道徳」という言葉は、本来は左翼固有の概念ではなく、それどころか左翼による唯物論的批判の対象であった。教会、貴族、市民たちの社会的な利益や権力関係が、「道徳」という形でつねに「メタ政治」的な援護を受けていた一九世紀当時においては、唯物論の立場から「道徳」の化けの皮をはぐ、という行為はまだ有益だった。

さらに、左翼の目にはいつも、支配者たちがミサで使う聖体顕示台のように道徳的な価値を仰々しく掲げる一方で、利己的な振る舞いしかしてこなかったという「二重道徳」が映っていた。社会主義の理論家たちは、「道徳」があまりにも不安定で、利害に影響されるものだったので、政治的な価値を見出すことができず、気に入らなかったのである。カール・マルクス［一八一八〜一八八三］とフリードリヒ・エンゲルス［一八二〇〜一八九五］も『聖家族』のなかで次のように嘲弄《ちょうろう》した。

道徳とは、「行為のうえでの無力」である。道徳は悪徳と戦うたびに負ける。[204]

マルクスたちのこの「嘲弄」は、あからさまな市民の「二重道徳」に対する政治闘争においては、効果的な武器だった。ゲーレンは、この左翼による唯物論的分析のダイナミックな要素を逆用して、左翼による道徳主義批判を左翼批判のために使った。こうして左翼による市民の「二重道徳」批判は、過激な振る舞いはそのままに、ゲーレンによるヒューマニスティックな「超道徳」に対する批判へと生まれ変わったのである。

さらにゲーレンは、こうした振る舞いを通じて、異なる観点から道徳に対して大いなる批判を繰り広げた偉大な先人、フリードリヒ・ニーチェのひそみに倣おうとした。とはいえゲーレンは、ニーチェが「同情」を非難したことを引き合いには出したが、ニーチェを踏襲することは、あくまでも表面的なものにとどまった。というのも、ニーチェの『道徳の系譜学』にはっきりと示されているように、「道徳的な偏見の起源に関する考え」とは、人が「善悪の価値判断」を行う、その条件をあけすけに問うことを意味していたからだった。[205]

これに対してゲーレンは、ニーチェのように道徳の起源にある「善悪の価値判断」を相対化するのではなく、歴史を超越する不変のものとして探し求めていく。たとえばゲーレンは、意味理解、道徳、宗教という三つの根本的な欲求が、人間社会における最上位の支配システムを構成していると考える。しかしニーチェは、こうしたものに対してあまり興味を示さない。ニーチェの関心は、永遠の価値を正当化することではなく、むしろその価値の解体にあったからである。

ゲーレンは、ユートピア的な傾向のある新左翼に対し、新左翼が称賛する「自由」こそが

「強大な諸帝国を破壊するための」最高の手段であると非難したが、[206]これなどはニーチェの思想に従ったというよりも、はるかに自分の思想に従ったものであった。ニーチェは、既存の市民文化と対立し、あまりにも怠惰な生の責任を市民文化の責任に帰した。この点では、『善意の人辞典』の著者たちのほうが、西ドイツの復活に必死になって抵抗するゲーレンなどよりも、はるかにニーチェに近い場所にいたのである。

*

フリードリヒ・ジーブルクも、戦後のドイツに対する過剰なまでの道徳的な要求という主題を弾劾のために使った。ジーブルクはこう書いている。

一九四五年以来、われわれドイツ人が受けてきた性格分析、道徳的非難、再教育の試み、良心の実験といった連続集中砲火は、われわれの精神的能力を超えてしまい、このせいでみな無関心のなかへと退却してしまった。[207]

これを証明するかのように、ボート・シュトラウスはその数十年後に、ドイツでは人道的な倫理の要求が過剰だということを感じ取っていた。九〇年代初め、旧ユーゴ地域からドイツへの難民流入を背景に生じた、ドイツ基本法の難民庇護権をめぐる議論のなかに、作家シュトラウスは、まさしくドイツ人が世界の悲惨な出来事を利用して道徳的なおせっかいをしつこくして回る姿を見た。シュトラウスにとって、ドイツ人のアイデンティティとは、道徳に適った善行など歯牙にもかけない、断固とした行動を意味するはずであった。

私たちは、「私たち」というアイデンティティを求める戦いにおいて、私たちの内部に向かわなければならない。私たちは敵対的な征服者の挑発に乗って、外に向かって戦いに赴くことはしない。私たちは、多くの困窮者や故郷を失った者たちに対して、情け深く親切に振る舞えと、私たち自身の内部から挑発を受けており、そして法律によって良きことをしろと義務づけられているのだ。[208]

シュトラウスが、自身のエッセイのタイトルに「贖罪の山羊」という言葉を選んで、自らを犠牲者として演出した意図は、こうした人道主義による過剰な要求という主題を取り上げるためである。だからこそシュトラウスは、「高鳴る山羊の歌」のなかで、「善意の人」であり、かつ反人種差別主義者であることに酔いしれている大衆に対して、自分こそが大衆を救済し、国民と和解するための犠牲者なのだ、というポーズを得意気に取っているのである。

このシュトラウスの「自己犠牲者」の振る舞いは、スローターダイクの、「挑発者」には治療的な機能があるというテーゼと似たところがある。「自己犠牲者」と「挑発者」という二つの形象は、自分で自分の身を守ることができなくなったドイツ人に対し、本来であれば自ら克服しなければならなかったものを提示する存在である。シュトラウスの場合は神話への追想によって、スローターダイクの場合は、個人については訓練によって、集団については優生学的な改善によって、弛《たゆ》まぬ自己改善を行うことで、これを克服するのである。

だからこそスローターダイクも、「調和に満ちた共同体における善意の人」[209]に関する議論について、度を越して口うるさい教育者を思い起こさせるような小言を言わずにはいられない。スローターダイクは道徳倫理を廃棄せよと述べながら、「反エゴイズムという異端審問のエージェント」[210]こそが、スローターダイク自身が求める感傷を排した「人間工学」の最も手強い敵対者と見なしているのである。このような例を見るにつけ、ドイツにおいて反道徳的な「悪」でありたいという欲求は、単なる学芸欄のなかだけの流行なのではなく、自分を能力の高い人間、つまりエリートであると証明したいという願望の表れでもある、と言うことができよう。

今日で言う「善意の人」とは、かつてなら「祖国の裏切り者」、「敗北主義者」、あるいは

「知識人」と呼ばれていただろう人たちである。したがって、現代の右翼の言説における「善意の人」という幻影についても、すでにクルト・レンクが新右翼の理論的基盤全体に対して断言した次のことが当てはまる。

> 新右翼とは、「政治的に正しい」左翼支配者層《エスタブリッシュメント》の、至るところに存在するとされる権威主義的な干渉から自らを解放するために、自分たちの祖先という武器をもって世代間闘争を戦おうとする者たちのことなのである。[211]

8

偽りの予言者たち

社会民主党員ザラツィン？

本書で取り上げた著名な没落文学の作家たちは、皆疑うことなく政治的右翼に分類することができる。これは、彼らの政治的な自己評価をたどるだけで十分に明らかである。政治的右翼のイデオロギーの幅は、たとえばオスヴァルト・シュペングラー、エトガー・ユリウス・ユング、アルノルト・ゲーレン、あるいはフリードリヒ・ジーブルクのような、歴史上ファシズムの潮流に連なる者から、オルテガ・イ・ガセットの保守的ペシミズムを経て、戦後の新右翼の潮流に属するハンス・ユルゲン・ジーバーベルクやボート・シュトラウスのような作家にまで及ぶ。

これに対し、ペーター・スローターダイクやティロ・ザラツィンは、すでにハインリヒ・フォン・トライチュケ以来知られている、もともとは右翼でない者が右翼に転向することで得られる効果で得をしている。一九世紀後半のベルリンの歴史家トライチュケが単なる保守主義者ではなく、リベラル右派の国民自由党に所属する帝国議会議員であったように、スローターダイクもザラツィンも自明の常識からは逸脱した存在なのである。

スローターダイクの場合は、ポストモダンのポップな哲学者が右翼的な発言をしたために、進歩的な陣営から条件反射のように食ってかかられ、それに呼応して、世論はスローターダイクの「人間工学的転回」に苛立った。ザラツィンの場合は、特に彼が長年SPD党員であり、高位の幹部であったという事情がセンセーションを巻き起こした。ザラツィンの主張が右翼の代表者から発せられたものだったならば、これほどの大きな物議をかもすことはなかっただろう。世間の人は、右翼の立場から社会ダーウィニズム的なフレーズを聞くことなど、はるか以前からすでに慣れっこになっているからだ。

しかし、ザラツィンがSPD党員だというプロフィールは、かつてザラツィンが下層階級に対して行った差別的な発言とは全く無関係に、自分を守る盾として、つまりザラツィンの誠実さや清廉潔白さを示す証拠として作用した。左翼からすれば、所詮右翼の世論操作にすぎないとして無視したであろう言葉が、SPD党員のザラツィンの口から出たことで、世間からは勇気ある発言だと見なされることになったのである。

メルケル首相のほか、SPDの指導的地位にある幹部たちもザラツィンから距離を取り、さらにはザラツィンの本にあった優生学的な記述内容のために、党からの除名やドイツ連銀理事の解任すら議論されたことは、タブー破りとしてのザラツィンの名声をより一層高めることになった。そしてこのような効果は、元トップ官僚のザラツィンのエリートぶった、よそよそしい習性（ザラツィン支持者にとっては、これが彼の主張がいかに客観的であるかを表すものとされたが）

によって、さらに強められた。

ザラツィンの初期のキャリアには、のちに「言論封殺」の殉教者としてスキャンダルを引き起こす著述家となる運命を暗示するようなものはなかった。一九四五年にテューリンゲンで生まれたティロ・ザラツィンは、七〇年代当時、ＳＰＤの学術研究機関における典型的な若手有望株だった。この時期のザラツィンは、まだ明らかに敷かれたレールどおりに、西ドイツにおけるエリート志望者のキャリアを歩んでいた。ザラツィンは、大学で国民経済学を修めた後、初めはボン大学で助手として経済学の方法論的な問題に取り組み、博士論文執筆中にはＳＰＤの政党シンクタンク、フリードリヒ・エーベルト財団の研究所で働き、一九七五年に連邦財務省の総合政策部局に入省した。

しかし、当時のザラツィンは、生粋の技術官僚《テクノクラート》というだけでなく、学術出版物の著者や全二巻の理論書の共同編者であったように、研究者として根本的な理論の課題にも取り組んでいた。ＳＰＤは、七〇年代の終わりに『批判的合理主義と社会民主主義』全二巻を刊行し、マルクス主義思想が西ドイツの知識人たちに長年及ぼしてきた圧倒的な影響力に対抗しようとしていた。[212]『批判的合理主義と社会民主主義』のような書物は、当時のＳＰＤのなかで、政治的な問題に対してマルクス主義の原則論に影響されることなく、「非イデオロギー的」かつ「現実主義的」にアプローチしようとする、「批判的合理主義」思想が大きな影響力を持っていたことを物語っている。

とはいえこの修正主義的な路線は、SPDにとって頭の痛い問題でもあった。マルクス主義の原則論から離れて、純粋に「現実政治」に集中することは、逆に自分たちの歴史的な存立基盤を見失わせる恐れがあるからだった。SPDは、労働者政党として出発した後に、修正主義路線を取り入れて成功したことで、逆に自らを窮地に陥れてしまった。経済的な繁栄のなかで、労働者政党が「階級」の担い手であることや、「賃金協約の当事者」たることをやめてしまったからだ。これによってSPDの支持者たちは、世代が下るにつれて労働者政党がいかにして誕生したのかといった歴史を忘れてしまい、自分たちの利益のみを実利的に追い求めていくことになってしまった。

こうして、西ドイツの社会民主主義の伝統的な環境《ミリュー》は、その方針が成功したがためにあっという間に解体されていった。そして高度経済成長期の終わり頃に、その報いを受ける事態が現れ始めた。労働運動は、現実路線の負の遺産として意見を持たない大衆を広範囲に生み出し、その大衆は、ますます右翼ポピュリズムに取り込まれていくことになったのである。ザラツィンは、ドイツ連銀理事に就任してからこのかた、社会民主主義におけるこの右翼ポピュリズムの遺産を、オーストリア、ベルギー、オランダでもそうだったように、ここドイツでも活用しようとしたのである。

ザラツィンが関わった出版プロジェクト『批判的合理主義と社会民主主義』でも強調されたように、七〇年代の急進左翼のテロを目の当たりにしたとき、ＳＰＤはむしろ自分たちの「イデオロギーのなさ」を誇らずにいられなかった。特に第二巻の以下の導入部分は、当時のＳＰＤが経済問題に対して、実利的な志向を有していたことを物語っている。

「理論的な議論」は流行遅れになってしまった、というのは時代の傾向の変化だろうか？　理論的な本が売れなくて、採算が取れなくなった出版社にとっては、おそらく時代が変わってしまったのだろう。それでも最後まで、理論的な「批判シリーズ」を刊行していた出版社ですら、いまや市場が求めるものを出すという誘惑に負けてしまった。こうして、かつてはマルクス主義の本を積み上げて、赤みを帯びて輝いていた書店の陳列コーナーは、いまや小説、知能テスト入門、職業キャリアの手引き書でいっぱいになっている。[213]

したがって、この『批判的合理主義と社会民主主義』という論争の書は、マルクス主義の波が徐々に衰えていき、実用主義にシフトしつつある時代の流れに棹さして、「政治理論を含む批判的合理主義」が「社会民主主義の思想と密接な親近性があることを示」そうとしたものだった、と言うことができるだろう。[214]

ザラツィンの『ドイツは自滅する』は、この本自体がすでにデータや統計など、数多くの経験的資料を誇示したいザラツィンの願望を表したものだと言えるが、形式上はいまもなお、批判的合理主義の唱える「検証可能な事実」という主張の伝統のなかに位置づけられている。実際、この本には社会民主主義の思想に由来する記述も含まれている。たとえば、「社会はそれ自身が客体であり、自らが設定する基本的条件を通じて、その姿形を変えることができる[215]」などといった記述内容は、少なくとも伝統的な保守主義とは異なっているからだ。

その一方で、ザラツィンの思想において中心的なものは、社会に従うのではなく、社会が従うべき超歴史的な基準、つまり「メタ政治」的な価値であった。この超歴史的な「永遠の価値」は、イデオロギー的な重要度に応じて、その都度、宗教や民族・国民や文化といったものと結びつけられるため、自分の意のままに変更することができない。さらに言えば、そういった基本的に変化を否定する「非政治的なるもの」は、本来は保守主義の領分であった。これに対して、規範の体系が社会的・歴史的プロセスと結びついて変化していく可能性があるという考え方は、保守主義のものではない。社会自体が対象となってしまい、社会がより高次の構想を実現することに何ら役に立たないというのは、極めて唯物論的な認識だからである。

ザラツィンの本のなかには、この認識によく当てはまる一文がある。その文章は、現代の労働界のハイテク技術を駆使した生産方式を見たとき、もはや人間という主体は必要ではないと感じられる状況を捉えようとしたものである。

かつては、人間は労働によって疎外されていると主張することが流行っていた。しかしこれは間違いだった。なぜなら、まさにこの瞬間も、労働とは厄介なものであり不快なものであって、この不快さを主体の意志の力で克服できると主張すること自体が、もはや自己満足にすぎないからである。労働界から不要とされた者が、国家による財の分配によって、自分のことを切り捨てた労働によって生産された、極めて精巧で複雑な製品を購入できるようになるとき、彼は本当の疎外を経験することになる。というのも、彼にとって屈辱的だったのは、国家が彼に分配する財の量が少なすぎるということ（どのみち彼は、いつも国家が分配する財の量を少なすぎると感じるだろうが）ではなく、そもそも誰も彼を必要としなかったことに気づいてしまったからだ。[216]

『ドイツは自滅する』のなかのこのような疎外論的認識は、かつて所属していた労働者政党から刷り込まれた疎外論から、ザラツィンがまだ完全に自由になっていないということの証である。

他方で、ザラツィンの疎外論は、彼の精神的怠惰をも明らかにする。なぜならザラツィンは、ある程度のところまでは状況を疎外論的に分析するが、その後は、短絡的に人類学のなかに逃げ込んでしまい、自分の分析で結論を出すことを避けてしまうからだ。この結果、ザラツィンの攻撃は、生活保護受給者にのみ向けられ、彼らの労働力は不要だとした労働界や、彼らを生み出した社会経済的条件には向けられないのである。

矛盾

『ドイツは自滅する』は、一見すると、「有能さ、倹約、誠実さでもって、公共の福祉と人生の幸福を増進せよ」という、プロテスタンティズムのお説教のように感じられる箇所があり、したがって、かなり社会民主主義的であるように見える。特にザラツィンが同書のなかで、具体的な対策を提案している箇所は、ザラツィンの立ち位置が明らかに伝統的な社会民主主義の政策にあることを表している。[217]

ザラツィンに喝采を送る「若き自由」の面々とは対照的に、ザラツィンは社会への介入を行わない「小さな」国家を求めることはせず、自身が社会民主主義的政策の王道である「社会工学」の信奉者であることを隠さない。それどころか、明らかに世俗主義的な影響下にある家族政策、教育政策、社会福祉政策を唱えて、家庭に対する国家の徹底的な介入、特に子どもに対する介入を求めている。

ザラツィンは、特に下層階級の子どもに対し、教育上の困難を制度的に和らげるための特別措置を構想している。彼が提案する政策のリストには、特別助成や全日制保育など、子どもに対する数多くの支援が含まれている。そして、親についてはどちらかといえば、子どもに有害な影響を及ぼす存在だと見ており、最終的には、子どもを教育する義務は、国家に委託すべきだという結論にまで行き着く。

しかしこのザラツィンの提案は、家族の不可侵性を声高に主張しつづける、保守派やザラッィン崇拝者たちの理想像とは明らかに矛盾する。なぜなら、通常、地方のCDUの大部分や、「若き自由」にとって「家族に優しい政策」とされているのは、子どもの養育の責任は国家でなく家族にあるとする政策であり、伝統的な男女の役割イメージを強める政策であるからだ。「若き自由」は、こうした保守的な政策以外のいかなる政策も、「社会主義への運転免許証」と見なしている。[218] だから「若き自由」は、議論の余地のある「保育手当」についても、その身を挺して擁護したのである。この保育手当という制度は、仕事に行く代わりに自宅で子どもを育てる母親は、政府の計画にしたがって金銭的な手当を受ける、というものである。この保育手当のコンセプトは、伝統的な家族制度の強化を求める、「若き自由」の家父長的家族像に対応するものである。そして逆説的なことに、このような保守的な家族イメージは、ザラッィンが不満に感じた、下層階級のトルコ人やアラブ人の家族イメージとも一致する。

ザラッィンは、こうした家庭の子どもたちが置かれた境遇から脱することができるように、国家が言語の習得や社会に溶け込む能力を改善するための政策を行うとしても、それには長く時間がかかると考えている。しかし一方で、ザラッィンがベルリン・ノイケルン区長のハインツ・ブシュコウスキー［一九四八〜］と議論した際に、保守派がドイツ生まれの中産階級家族のいしずえとして称賛した、「かまどプレミアム」［「保育手当」を指す］のような政策は、移民の子どもたちを置かれている境遇から救い出すどころか、逆効果を導くと指摘してもいる。なぜなら、社会的に不安定な移民の親たちは、子どもを全日制保育所などに預けて働くよりも、保育手当のお金を生活のために使うことを選びがちであり、結果的に彼らと周囲のドイツ人社会との距離をさらに広めてしまうことになるからだ。

こうした問題に対しザラッィンが提案する教育改善案は、移民の子どもたちに（ザラッィンが考えるところの）文化的な価値を教え込んだり、能力を向上させたりすることを目的として、家族から子どもたちを引き離して外へ連れ出す、というものである。この提案は、「義務としての幼稚園」から「規則の工場としての全日制学校」や学校給食を経て、学校制服の導入にまで及ぶ。[219]

ザラツィンの提案する、児童保育におけるこのような徹底的な統制は、保守派内でいつも激しい抗議が起きる「教育の国家化」[220]とほとんど同じである。これが、いかに保守派がザラツィンを歓迎しようとも、最終的にはザラツィンが、保守派内で我が物顔に振る舞うことができない理由である。加えて言えば、ドイツの下層階級をこれ見よがしに嫌悪するザラツィンのことを、下層のドイツ人たちの代弁者としての地位を獲得したいドイツ国民民主党（ＮＰＤ）が喝采していることについても、矛盾している感が否めない。

しかしザラツィン支持者たちは、こうした保守派の無理な要求とザラツィンの主張との間にある相違をうやむやにする。ＮＰＤが、『ドイツは自滅する』やザラツィン論争に関心を持つのは、何よりもまずその人種主義的な衝動のためであって、ザラツィンの提案する権威主義的な社会国家の介入政策のためではないのだ。アーヘンの政治学者リヒャルト・ゲープハルト［一九七〇〜］は、この状況を次のように説明している。

ザラツィンという個人のなかで、「右翼政党」というプロジェクトの矛盾が大きくなりつつある。たとえば、元ベルリン州財務大臣であるザラツィンは、反ユダヤ主義者なのではなく、あまりに政治的に正しすぎるユダヤ人びいき《フィロゼミート》である。またザラツィンは、過酷な肉体労働に従事する者たちの代弁者を自任するＮＰＤとは対照的に、失業中の社会給付受給者のために連邦労働庁といった国家機関を創設することを要求する。さらにＳＰＤ党員であるザラツィンは、民主主義の立憲国家と戦うわけではなく、ザラツィンの立場は、あくまで市民の中間層の能力主義と両立可能である。また、ＣＤＵ／ＣＳＵに失望したカトリック右派を、リベラルな世俗国家の擁護者を自任するザラツィンが惹きつける要素などほとんどない。連邦レベルで全日制学校を導入せよ、というザラツィンの要求は、保守派の支持層にとっては児童保育の完全な国家化と同義となる恐れがある。とすると、ザラツィンと保守派の最低限の共通項は、イスラム教徒の移民やその家族の流入を阻止せよ、という要求しかないことになる。結局、ザラツィンという刺激的なメディア現象が明らかにするのは、反イスラム教的なイデオロギーは、伝統的な右翼・左翼の二項対立図式では理解できない、ということなのである。[221]

そして最も注目すべきことは、ザラツィンが移民のイスラム教徒の家族観に対して示すあからさまな侮蔑こそが、ザラツィンと、イデオロギーに凝り固まった大多数の右翼とを分かつものだ、ということである。カール・シュミットに学んだ大多数の右翼たちは、まさにこうした、宗教のように凝り固まった保守主義の環境《ミリュー》のなかでしか、自分たちにとって真に必要なものは何かということを認識できない。かつてボート・シュトラウスも、こうしたモデルにしたがって、古代の文化的な生命力や文化に対する自負心に感嘆の念を述べたのだった。
多くの右翼のテクストに広く見られる、イスラム文化の価値観に対する評価とは、結局このようなものだと言えるだろう。つまり、「イスラム文化では、あらゆるものが神によって与えられた秩序のなかに確固として存在する」、「イスラム文化において、各世代は自らの領分をわきまえて生きており、誇り、名誉、尊敬というものが中核的な概念となっている」、「階層の存在意義を問いただしたりすることはなく、個人は自分自身だけでなく、国家と共同体《ウンマ》全体にも奉仕しなければならない」、といった評価である。[222]

これに対して、ザラツィンは女性を母親の役割に限定する、伝統的なイスラム教の家族構造を攻撃する。この攻撃は、キリスト教徒たちも相当数いる、ザラツィン支持者たちの世界観にもかなりの程度影響を与えている。このように、ザラツィンと右翼とは政治的な前提条件が違うため、これが消えない限り、ドイツ右翼のザラツィンに対する熱狂は、ある程度までしか広がることがないだろう。

ちなみに、右翼による似たような選択的受容は、二〇一〇年のもう一つのベストセラー本でも見られた。ベルリンの少年裁判所の裁判官、キルステン・ハイジヒ［一九六一～二〇一〇］の著書『我慢の終わり』は、たびたびザラツィンの『ドイツは自滅する』とともに名前が挙げられた本だった[223]。ハイジヒのこの本がザラツィンの攻撃的な本と異なる点は、落ち着いた語り口だけでなく、実践的な提案において権威主義的な論調にならなかったことであった。ザラツィンは、「移民がドイツ人の遺伝子プールを危険にさらしている」と見たが、ハイジヒにとっては、移民にも機会の平等を保障することが重要であった。またザラツィンは、六八年世代が悪の根源だと見なしたが、ハイジヒは、左翼の掲げる文化相対主義が、人類共通の価値の実現を目指す普遍主義的目標を裏切っていると非難した。

しかし、ハイジヒがはっきりと、「多くの移民家族が抱える問題の大半が、彼らの保守的な価値観の責任だ」と考えている点については、これらの議論のなかではうやむやにされている。これについては、「知性は遺伝する」といった憶測を述べない「正気」のときのザラツィンも同じように、移民の下層階級の家父長的・権威主義的な家族構造が問題だとしている。実際、注意を引くのは、ハイジヒもザラツィンもともに、移民の反動的な女性像、信心ぶった行い、教育における暴力、個人の権利や成長の機会の無視などが、「民族の実質」とは全く無関係に、無学で暴力に親和的な来歴を送ってきた個人を生み出す原因となっている、としているところである（ザラツィンは、これにさらにドイツの没落の責任を負わせる）。

ここでさらに、彼らが最終的に移民のことを、「権威主義的な俗物」や「自分の利益のためならどんな手段も厭わない、盗人たけだけしい小市民」などと決めてかかるのであれば、想像上の敵として彼らが散々に罵ってきた、例の「善意の人」もやはり決めつけにすぎない、ということになる。こういう点では、不労所得を得ることができるような階級的地位にあり、その地位を守ることに汲々《きゅうきゅう》とする、エゴイズムの哲人ザラツィンは、自分がのし上がるためにはどんな手段を使うことも厭わない、ストリートギャングと大きく違わないということだ。

　こうして見ると、キルステン・ハイジヒ、ペーター・スローターダイク、ティロ・ザラツィンたちが求めたのは、社会の反権威主義的かつ解放的な価値観の修正ではなく、彼らは移民家族のなかに、「より六八年」的な、つまり、さらなるリベラルな価値観を求めたにすぎないのだ。もちろん彼らの読者の多くは、このような認識を拒絶している。

偽りの友人たち？

　ザラツィンの手法は、万人に勧められる提案を含む良質なプロパガンダであるが故に、ジャーナリズムで大いに成功を収めている。老獪なデマゴーグが皆そうであるように、ザラツィンも、最終的には彼独自の結論を引き出すとしても、ある程度は誰もが検証可能な事実を扱っているからである。

　ザラツィンは、資料という名の鍵盤を卓越した技術で演奏する名人である。しかしその一方で、彼はこの名人芸によって、彼の一貫性のない世界像が作り出す矛盾を人々の記憶から忘れさせる。つまり、エリートぶった習性や侮辱的な発言を繰り返すザラツィンのことを嫌う下層階級のドイツ人を、ザラツィン特有の移民談義をもって、彼の世界観へと包摂するのだ。このことは、ザラツィンがNPDから得た熱狂的な人気についても説明してくれる。もっとも、NPDが言い募っている支持者たちの多くは、ザラツィンの言う、ドイツの全般的な退行と文化の没落に関する基準をすべて満たす社会給付に生計を依存する者たちなのだが。

『ドイツは自滅する』をきっかけに、二〇一〇年一〇月に、ケルンで「ザラツィスト党（Die Sarazzistische Partei）」が結成された。しかし同党は、選挙への参加資格を満たせなかったために、二〇一一年のハンブルク州議会選挙には参加できなかった。これについて、インターネットでのやり取りを見る限り、同党の創設者たちが軽く混乱している印象が伝わってくる。にもかかわらず、「ザラツィスト党」の結成という企画自体は、ジョークではなかった[224]［なお、ザラツィン自身は、同党の結成や活動に一切関与しておらず、また、党名の由来も、「ザラツィン（Sarrazin）」ではなく、七〇年代にマールブルク大学で頒布された社会批判のパンフレットに記されていた筆名「イネス・ザラッ（Ines Sarazz）」とされる］。

それに比べると、「生活保護受給者」に対するザラツィンの攻撃は、エリートを自任して街頭のネオナチとは一線を画す、ドイツの極右団体から大変受けが良い。極右内だけで読まれる、特殊な新聞にすぎない「若き自由」は（普段なら、このような新聞が高尚な知的努力を営んでいると過大評価されることはないが)、新自由主義の立場から、福祉事業における「国家の過剰介入」をたびたび罵倒している。

こうしてザラツィンは、『ドイツは自滅する』によって興味深い二股状態に陥ることになった。というのも、本来ならエリート主義的な彼のテーゼと利害が衝突する社会的に脆弱で無学の環境《ミリュー》から、拍手喝采を受けたからである。ザラツィンの能力主義のイデオロギーは、国家によるドイツ人下層階級への支援を脅かすことになるが、ザラツィンが「トルコ人やアラブ人」を攻撃することで、彼のイデオロギーは下層階級に属すザラツィン支持者たちの目に映らなくさせたのである。

こうしたザラツィンの提案は、ドイツ人たちが移民に対して、少なくとも遺伝的に「より安全である」、つまり「ドイツ人である」と感じることのできる優越感を育むことになる。しかし下層階級の人たちは、ザラツィンの移民に対する措置の次なる対象が彼ら自身であることに気づかない。以上のように、自分たちが普段政治に求めていることと、ザラツィンが求める国家の介入拡大との間の矛盾に気づかない下層階級のドイツ人が、ザラツィン人気のもう一つの源泉となっているのである。

ところで、ザラツィンが次のようにドイツの没落を嘆くことこそ、何よりも教養市民層の偽善の典型例だと言えよう。

誰が一〇〇年経ってもなお、ゲーテの有名な詩、「さすらい人の夜の歌」を知っているというのか？　おそらく隣のモスクで勉強するクルアーン学徒は知らないだろう。[225]

ザラツィンがこう推測するとき、ザラツィンに罵られた移民と、彼の支持者とを分かつものは、一体何だというのだろうか。ゲーテという、ドイツの文化的遺産についてのザラツィンの憂慮がどんなにご立派なものであるとしても、一体なぜ、「ビルト」紙の読者のほうが、ザラツィンが罵った「クルアーン学徒」よりもゲーテの詩をよく知っていると言えるのだろうか。ザラツィンに喝采を送る人びとは、いまだ一度たりとも、あるいはほんの少しですら、ゲーテの「さすらい人の夜の歌」を聞いたことがないだろうに。ザラツィン自身も『ドイツは自滅する』のなかで、「およそ人口の五〇％が、ほとんど新聞を読まないか、読んでも短い記事か、または、できるだけ単純な文章しか読まない」ことに文句をつけている。[226]しかし、ザラツィンの本を宣伝するときの牽引役となったのは、非常に単純かつ、極めて短い文章で書かれているためによく読まれている、例の大衆タブロイド紙だった。

ザラツィンが悪しざまに罵る移民と、ザラツィンの支持基盤である下層階級とは、ほとんど区別ができないにもかかわらず、ザラツィンが二〇一〇年一二月末に、「フランクフルター・アルゲマイネ新聞」に掲載した最初の中間報告では、すっかり自分の本の影響力に陶酔しきっているように見えた。最終的に一二〇万部を売り上げた『ドイツは自滅する』や、数カ月にわたる激しい議論をザラツィンが回顧するなかで明らかになったことは、ザラツィンの成功は、遺伝に由来するザラツィンの才能によるのではなく、人心を惹きつけることに長けた、出版側の仕掛けのおかげであったという点である。なぜならザラツィン自身が、ドイツ出版社（DVA）は、議論の盛り上がりとともに本の売上も増えていく状況にうまく対応する術を心得ていた、と強調したからである。

> 私の本が、素早く増刷をかけることのできない小さな出版社から出ていたなら、本が売り切れた時点でブームは終わっていただろう。読者が、私の本の内容に納得したいと思っていても、本自体を入手できないからだ。しかし幸いにも、大手の出版社であるDVAは、売り切れに緊急増刷で対応してくれたため、二週間後には文字通り、市場を本で溢れさせることができた。おかげで読者はますます増えていき、読者が自分で判断を行うことができたために、世論のなかで意見のバランスを作ることができたのだ。[227]

　また、この回顧でわかったのは、ザラツィンが本の増刷の機会に、自分の主張を修正しようなど、つゆほども思っていなかったということである。彼は、「その後も再三再四、本の文章について、事実が偏って叙述されていないか、言葉が人の感情を傷つけるものになっていないか、徹底的に吟味した」が、「何も」見つからなかった、と言っている。あらゆる批判に苛立ちながら、ほとんどは無愛想な反応しか示さなかったザラツィンが、十把《じっぱ》一絡《ひとから》げにトルコ人やアラブ人に知性の低さや文化的能力の欠如をなすりつけ、反対意見をひっくるめて、「ナイーブで意地が悪い」などと片づけたことについて、ザラツィン自身は何ら侮辱的行為だったとは思っていない。それどころか彼は、ドイツ政府の対応のなかに中世の異端審問のような性格を見出すとともに、ザラツィン批判者に対しては、「政治的な正しさ」やむきだしの「社会的羨望」の罪をなすりつけるのである。

その一方でザラツィンは、『ドイツは自滅する』の第一四版で、いくつか修正を行ったことについては沈黙する。とはいっても、修正自体が最低限のものにすぎなかったことに加え、修正箇所がもともとあまり重要ではない部分だったので、修正を行うのが非常に遅かったのもわからないでもない。それでも修正前と後の文章とを体系的に比較してわかったのは、特に移民の「遺伝的負担」に関する一節が、著者によって削除されていたことであった[228]。

ザラツィンへの批判が、ザラツィンに何の影響も与えず、その傍らを通り過ぎてしまったとも思えない。草稿段階ではまだ、「人種」という言葉を用いていたザラツィンが、出版社に要請されて初めて、「人種」という言葉を「民族集団《エトニー》」に変えたといったことも、読者が後になってから知った事実であった。[229]

*

もしザラツィンが、『ドイツは自滅する』において、特にドイツの大都市には深刻な社会問題が存在し、近年は社会の下層のなかに、「ドイツ人」の長期失業者層だけでなく、移民も集団として形成されてきているので、どちらにも適切な政策が必要である、と断言するだけで終わっていれば、ザラツィンはSPDのなかに居場所を持ちつづけることができただろう。なぜなら、国家は個人の関心に対してどのようにして権威を維持できるかということを考察することや、社会国家の連帯共同体に属しているのは誰であり、またその共同体はどの範囲までなのか、といった問題に取り組むことは、完全に社会民主主義の伝統的なテーマだからである。

他方で、「下層階級の人びとは、（生まれつき）知能が低い」といった議論は、長い間、特権的なエリート集団が、統治を行うために使う論法とされてきた。ザラツィンはこの論法を、SPDが抑圧されてきた歴史から知ったに違いない。しかし、「下層階級は知能が低い」と言う彼は、すでに社会民主主義的な言論の枠組みから離れてしまっている。だからザラツィンは、自分の議論がふたたびエリート統治の目的のために引き合いに出されることを、どうやって防げばよいのかということについては全く無関心であるし、いわば役人貴族の代表者ともいえる彼は、「ザラツィンは自分の議論を、エリートの統治に活用してもらうことまで狙っている」という話題にすら、反論しないまま放置するのである。

しかし、「下層階級の知的ポテンシャルが、ますます空っぽになっていっている」というザラツィンの主張に対しては、次のように反論できる。[230] つまり、一度は社会的上昇を遂げることができた層、ザラツィンの論理では「良き素質」を持っていたに違いない層でさえも、遅くともハルツⅣが導入された二〇〇五年以降、社会的に没落してしまったのではないか、と。だから、たとえこの大量失業時代にあっても、没落するのは「愚か者」だけというザラツィンの想定は社会の現実とは合わないのだ。

この議論がもたらすデタラメな印象のせいで、ザラツィンが達成したい目標とは、しばしば正反対の結果が引き起こされている。移民やその子どもたちに対する、ドイツ社会の雰囲気はさらに悪化しており、自分で自分の能力の高さを示すことのできる移民の人びとは、ドイツ以外の場所で、自分の幸せを見つけることだろう。極めて優秀なドイツ系トルコ人のなかには、すでにずっと前からこうした傾向が確認できる。トルコ人を親に持つ、ドイツで生まれた子どもたちの少なくない数が、生計を立てるために、大学卒業後に経済的に繁栄しつつあるトルコに移住しているのである。[231]

そして、社会民主主義の伝統に根ざしているというザラツィンの自負心も、彼の議論の立脚点が、似非《えせ》人類学的な短絡思考と遺伝理論であるという点を考慮してみるならば、途端にぐらついてしまう。ザラツィンが非難されなければならない点は、彼の議論が、少なくとも一九二〇年代の呪われた社会優生学の伝統に逆戻りしているからである。たとえば、「社会の内部が腐敗していく過程」[232]を、ザラツィンが呪文のように唱えていることも、彼が社会全体を生物有機体との類比で見る「生物学主義」的な世界像にとらわれている、と非難することができるだろう。ザラツィンはこの世界像のなかで、平準化をもたらす文化の大衆化という主題と、伝統的な優生学の議論とをごちゃまぜにしているのだ。

人口の減少に加えて、特に社会的に不安定な者、知的でない者、優秀でない者が、一貫して増加していることが、ドイツの将来を危険にさらしている。[233]

ザラツィンの見解によれば、知能や能力は遺伝から最も影響されやすいため、現在だけでなく将来的にも、ドイツに流入する知的ではない移民集団からは、多くを期待することができない。ましてや彼は、ドイツ文化のなかで連綿と受け継がれてきたものが、いま危機にさらされているると見ている。ザラツィンにとって、これは単なる隠喩などではなく現実に起きうる事柄なのである。「平均的な知能指数は、ドイツ国民よりイスラム教徒のほうが低いとされるから、イスラム教徒のさらなる流入はドイツの未来を危うくする」というのが、ザラツィンが思い描く危機のシナリオである。

したがって、『ドイツは自滅する』という本は、すでに『レットル・アンテルナシオナル』のインタビューとして、ぐっと凝縮して掲載されたザラツィンのルサンチマンの、より長いバージョンを提供した程度にすぎないと言えよう。すなわち、「ドイツの文化的能力の没落の責任は、「政治的な正しさ」、六八年世代、外国人、エリート養成の意志の欠如にある。なぜなら、これらが、ドイツ文化やドイツ人の能力の没落に対して、政治が効果的な対抗手段を取ることを妨げたからだ」、というのである。

このテーゼも、本書で解説してきた歴史修正主義者が考える歴史政治と無縁ではない。ザラツィンは、六八年世代こそが国民の没落の責任者であると非難するが、そこには六八年世代が、国民的アイデンティティを放棄してしまったことに対する非難の響きが混じっている。彼は、自分の対抗相手である六八年世代のことを、「国境を超えた人類の将来を夢見つつ、内心では、そもそもドイツ人として生を受けたことを深く悲しんでいる、多文化主義的《ムルティクルティ》な新聞の学芸欄の代表者」であると書いている。[234]『ドイツは自滅する』のなかの別の文章では、同じような調子で次のように書かれている。

ドイツ人たちは、アイデンティティを放棄することで、いわば自滅してしまったのかもしれない。少なくない人が、このような運命を、かつてナチ親衛隊を生み出してしまったドイツ民族に対する公正なる罰であると感じているかもしれない。そう考えなければ、ドイツ人が、ドイツの人口構成において移民の割合が増えていくことを密かに喜んでいるという事実を説明することができないからだ。[235]

この主張は決して、同書における些末な一節ではない。それどころか『ドイツは自滅する』というタイトルは、なんといってもこの箇所から採用されたのである。本のもともとのタイトルは、『私たちは自らの国有財産を食いつぶす』というものだった。ザラツィンによれば、最終的に文章の一節から取られた「ドイツの破滅」という表現が本の表紙に掲載されるまでには、短い間だが、ヴァーグナー的な響きのする「ドイツの黄昏」というタイトルも検討されたという。[236]「ドイツの黄昏」というタイトル候補に見られるとおり、ザラツィンが行っていることは、ナショナルな領域と歴史領域との橋渡しであり、『ドイツは自滅する』が本書で紹介してきた没落の予言者たちの伝統に立脚しているのは、まさにこの所以なのである。

ところで、ドイツの政治的右翼の陣営が、すぐさまザラツィンをめぐる騒動から利を得ようとしたことは、別に不思議でもなんでもない。「若き自由」は、ザラツィンを何度も雑誌のカバーに採用した。さらには、まさにドイツ再統一の記念日である一〇月三日に、「フランクフルター・アルゲマイネ新聞」や「南ドイツ新聞」に広告を出し、そこで直接ザラツィンの名前に言及するなど、議論に勝つためにあらゆる手段を尽くしたのである。

ザラツィン論争が示しているのは、「政治的正しさ」のカルテルは終わったということだ。左翼のイデオロギーが崩壊したいま、次にやってくるのは保守主義のルネサンスである。市民は左翼の権威主義的な干渉に飽き飽きしており、ついに自由な言論形成を求めるに至ったのである。

＊

こうして新たに見出されたのが、「独裁的な検閲」というモチーフだった。右翼週刊新聞「若き自由」の一面に掲載されたある論文は、『ドイツは自滅する』の影響力を、ソ連の政治家ミハイル・ゴルバチョフ［一九三一〜］のペレストロイカと比較すらした。さらにこのアナロジーの延長線上で強調されたのが、右翼の環境《ミリユー》からすれば、連邦共和国というのはソ連と比較しうる準社会主義国家だ、ということだった。[237] 全体として元ベルリン州財務大臣ザラツィンは、至極もっともなことではあるが、右翼固有のテーマと精神的に相通ずる増幅器として右翼から見出され、右翼の側も「ザラツィン党」を創設して、さらに大きな意義を獲得できるかもしれないと、ひそかに期待したのである。

右翼急進主義のシーンに深く根ざした社会学者ローベルト・ヘップ［一九三八〜］も、「若き自由」のなかで、ザラツィンよりもずっと前から、自身の著作『ドイツ人問題の最終解決』がドイツ人の消滅をテーマ化していた、とクレームをつけた。[238] ヘップのこの本は、一九八八年に、ネオナチ性向のグラーベルト出版（この出版社の設立には、フリードリヒ・ジーブルクと同じようなキャリアを歩んできたロマンス語学者、カール・エプティング［一九〇五〜一九七九］が関わっていた）の姉妹会社である、同じく極右性向のホーエンライン出版から刊行されていた。ヘップは「若き自由」のインタビューで、自分のことをザラツィンの先達だとし、ザラツィンはどちらかというと自分よりも控えめに、彼自身の診断を述べたにすぎない、と非難した。

また、NPDもこの機に乗じて参加してきた。手始めにNPDの党新聞「ドイツの声」が、ザラツィンの主張に対して「著作権」を要求し、[239] 次いでNPDは、マスメディアに効果的に取り上げてもらえるように、政治家ザラツィンに対して、NPDの「外国人送還担当代表」という党ポストを提供した。ついにはNPDのザクセン州議会会派が、二〇一一年／一二年の州予算の審議で、ライプツィヒにある、有名なシモン・ドゥブノフ・ユダヤ歴史文化研究所に対する州予算からの助成を停止することを提議した。二〇一〇年一二月に、ドレスデンのザクセン州議会に提出されたNPDの動議によれば、州の予算は同研究所への助成に使われるのではなく、「人口統計学・積極的人口政策研究のための、ティロ・ザラツィン研究所」に使うべきだと主張したのである。

しかし、ザラツィンに対するこうした右翼からの拍手喝采は、決して「間違った方面」からやってきたのではなく、むしろザラツィンの主張が、右翼の主張に通ずることを証明するものだった。特に「知性は遺伝する」として、知性が低いと見なした集団を十把一絡げに低評価するザラツィンが、相当疑わしい筋の「知能研究者」、フォルクマール・ヴァイス〔一九四四〜〕から議論の題材を得ていたという事実は、まさに極右の支持者たちこそが、『ドイツは自滅する』に全く相応しい伴奏者であることを示している。ヴァイスを引き合いに出すザラツィンが、『ドイツは自滅する』の中心的なテーゼに関して、NPDや「若き自由」のような結社筋から、拍手喝采を受けたことに文句を言うはずがない。

というのも、ライプツィヒにあるドイツ系譜学センターの元所長だったヴァイスは、極右の政治陣営からしきりに権威として引き合いに出された人物であり、「若き自由」やNPD機関紙「ドイツの声」のなかにたびたび登場したり、極右の「自由ジャーナリズム協会」の報告者として活動するなどしており、二〇〇五年には、NPDザクセン州支部から人口学の専門家として推薦を受けた人物だったからだ。[240]

二〇〇〇年に出版されたヴァイスの著書、『IQの罠』には、二〇一〇年にザラツィンが『ドイツは自滅する』で取り上げた主張の出どころを見つけることができる。それは、「東欧ユダヤ人の平均IQは平均値より高く、一一五に達する」という箇所である。[241] だからヴァイスは『ドイツは自滅する』を包括的に書評したなかで、『ドイツは自滅する』の成功の一部は自分のものだと要求したのである。[242]

ザラツィンが、ヴァイスの著書からアイデアを得てユダヤ人に肯定的な言及を行ったことは、おそらく世論に対しての、ある種の「潔白証明書」、つまり彼が反ユダヤ主義者ではない、という証明書として機能することになったと思われる。しかし、「ユダヤ人の知能」を称賛することは、実際には諸刃の刃《やいば》となりうる。ハインリヒ・フォン・トライチュケは、すでに一九世紀後半に、「ユダヤ人の才能」と「ユダヤ精神の抜け目ない機敏さと鋭さ」[243]を、一貫して脅威であると感じていた。トライチュケは、まさにこの卓越しているとされるユダヤ人の知的能力のために、自分の論考を、「ユダヤ人はわれわれの禍である！」との一文で要約したのであった。[244] この一文は後年、ナチのプロパガンダのなかで確固たる地位を占めることになる。

一八七九年のベルリンで展開された反ユダヤ主義論争を背景に考えてみれば、ユダヤ人びいき的な内容も含まれると誤解されたザラツィンのユダヤ人のＩＱ値に関する憶測も、注意深く受けとめる必要がある。なぜなら、「ユダヤ人は高い知能を持っている」という彼の指摘は、「ユダヤ知識人」についての常套句であるだけでなく、歴史のなかで称賛されてきたユダヤ人を、逆に攻撃するために何度も用いられてきた表現だったからだ。反ユダヤ主義者たちはこの「知能の高いユダヤ人」というステレオタイプの表現を、ユダヤ人を脅威の原因とするシナリオを構築するために、いつも用いてきたのである。

したがって、このユダヤ人に対するザラツィンの称賛が、「高い知能は遺伝する」という思い込みによって正当化されていることに鑑みるなら、ザラツィンはいつでも反ユダヤ主義者に変化する可能性がある。そのうえ、能力や特性は先天的に集団に付与されるものであり、それが民族集団を規定すると考えることは、それがたとえポジティブな意味であっても、人種主義の特徴となりうる。ユダヤ人の場合には、ユダヤ人には能力があると想定されるだけで、もう憎悪の対象となりかねないのだ。

そう考えると、ザラツィンのテーゼは極右が使ってこそ十分に機能するのではないか、という議論すら必要ではない。なぜならザラツィンは、社会ダーウィニズム的な罵詈雑言を発したり、極右シーンの主張を専ら参照したりすることで、すでに極右的な方向性とタッグを組んでしまっているからだ。ザラツィンは、知能は遺伝すると言ったり、ドイツ人の愚鈍化は遺伝によるものだと言ったり、ドイツ人の愚鈍化をもたらしたのが、移民などの「間違った者たち」の流入や、彼らの高い出生率であると推測したりすることで、数十年前から右翼陣営で行われていた議論を、社会のメインストリームに導き入れたにすぎないのである。

より仔細に見れば、この文脈においては、フォルクマール・ヴァイスだけが責任を負うべき参照先ではない、ということもわかってくる。たとえば、ここにテューービンゲンの極右性向の出版社、グラーベルト出版から刊行された、知能の遺伝とエリート形成の問題に関する論文数点を含む『不朽の遺産　平等性という原理に代わる選択肢について』（一九八一年）という論集がある。[245] 一九八〇年に、フランスの右翼政治家ピエール・クレープス［一九四六～］によって設立された、右翼研究団体「トゥーレ・ゼミナール」が編集した同書は、一九四五年以後の右翼知識人たちによる、ネオファシズムを基礎づけた著作の一つであり、心理学者ハンス＝ユルゲン・アイゼンク［一九一六～一九九七］がその序文を執筆している。

ザラツィンの議論は、このアイゼンクの遺伝に関する研究にも依拠している。ザラツィンは、かつてロンドンに住んでいた心理学者アイゼンクの論文を、遺伝学の問題に関する、信頼の置ける確かな文献として使用している。さらにザラツィンは、「フランクフルター・アルゲマイネ新聞」に対して、フォルクマール・ヴァイスはアイゼンクの弟子であると述べて、ヴァイスをも擁護している。[246]

もちろんアイゼンク自身に政治的・学問的な疑念が全くなかったわけではなく、たとえば彼は、ナチズムに懐古的な極右新聞「国民新聞」で発表した、黒人のアメリカ人と白人のアメリカ人には、生まれつき知能の差異があるという主張によって、右翼団体からネオナチズムに至るまで、全般的に大いに好評を博していた。

この関連で、アイゼンクが序文を書いた件《くだん》の論集『不朽の遺産』のなかで、特に刺激的だったのが、「知能の遺伝をめぐる論争について」というイエルク・リークの論考である。この論考も、移民社会における知能指数と民族の出自との相関関係に取り組んだものだった。[247]「イェルク・リーク」というのは筆名であり、本名は、ハンブルクのネオナチであり、また「人種研究者」であり、そして遺伝学専門の雑誌『新人類学』の編集者でもあった、ユルゲン・リーガー［一九四六〜二〇〇九］だった。[248]結局のところ、このリーガーのような、優生学的な言説を取り入れたザラツィンの議論は、全体として、学問的に空疎な、そして政治的に疑わしい足場のうえに立脚しているると言えるのである。

文化批判

本書が没落文学というジャンルを見てきた目的は、ザラツィンの本をめぐる騒ぎを少しでも落ち着かせ、そこで述べられた内容を冷静に観察するためであった。

本書が示してきたのは、元ベルリン州財務大臣であるザラツィンのような黙示論者の主張は、過去百年間の間に繰り返し再現されてきた、ということであった。彼らが論じる対象は、時とともに変化し、労働者やユダヤ人、あるいはポーランド人から、トルコ人やアラブ人へと様々に変わっていくが、議論の基本構造はずっと変わらない。

本書が批判してきた著述家たちは、それぞれ恣意的に選択された「歴史の終わり」、「国民の終わり」、「文化の終わり」、あるいは「西洋の終わり」が再び眼前に迫っていると考えてきた。しかし、真の終わりなどというものは一度も来なかった。なぜなら、終わりつつあるとして取り上げられた「偉大なもの」、たとえば歴史や国民や文化や「夕べの国」は、決していつも一つの形にとどまっておらず、つねに変化しつづけるものだからだ。

様々な国家やその国民は、「昔からずっと」固定した形で存在していたことなど一度もなく、絶えず変化してきた。民族的に同質な祖国というものは、国粋主義的な政策がその実現を目指したにすぎない、呪われたフィクションなのである。しかしこのフィクションは、西ドイツという名の、構築されてからまだ間もない国民国家には、ちょうど上手く当てはめることができた。なぜなら、ドイツは紛れもない幸運のおかげで、一九四五年の敗戦後に、ポーランドとフランスに分割されて消滅することなく、東西ドイツへと分断されただけで済んだからだった。

全体として本書で明らかになったことは、没落の予言が歴史的に政治的右翼に根ざしており、それは伝統的につねに同じ主題を呼び出してきた、ということだったと言えよう。黙示文学全体の主要な思想は、たびたび引用されるメラー・ファン・デン・ブルックの標語、「諸民族はリベラリズムのために滅びる」という言葉を引用すれば十分である。今日のザラツィンやスローターダイクも、リベラリズムのせいで国民が没落していくのを阻止するためには、「選良」に特別な支援や特権を与えなければならない、と言っている。これは、オスヴァルト・シュペングラーやエトガー・ユリウス・ユングの時代も何ら変わらなかった。たとえシュペングラーやユングが、現代の著述家たち以上に、国粋主義的なルサンチマン感情とあけっぴろげに交わっていたとしても、である。

それでも、「歴史の終わり」が真実であることが証明されなかったにもかかわらず、なぜ没落の予言者たちがこれほどまでに成功したのか、という疑問は残る。もともと、このような議論の経緯はずっと昔から知られていたのだが、二〇〇〇年代初頭に、ドイツにおいて突如として黙示録的なヴィジョンを装って文化批判が出現したのは何故なのか。一九世紀末には市民時代の危機が問題となっていたという点で現代と違いがあるにせよ、このようなヴィジョンは当時の文化批判の特徴だった。しかし今日の黙示文学者は、もはや市民の側に立ってなどいない。冷戦で前線に立たされた経験から導き出された西ドイツの国家原則は、「プロレタリアートを廃棄する」というものだった。そして、プロレタリアートとともに、その敵対者である市民階級も消滅した。ニーチェからトーマス・マンを経て、ゲオルグ・ルカーチ〔一八八五～一九七一〕、ヴァルター・ベンヤミン〔一八九二～一九四〇〕、テオドール・W・アドルノ、マックス・ホルクハイマー〔一八九五～一九七三〕まで、さらにオスヴァルト・シュペングラーやホセ・オルテガ・イ・ガセットですらも自らの人生を捧げた「市民文化」というテーマは、もはや存在しない。それは、歴史における対極の存在であったプロレタリア文化とともに、没落していったのである。

そして、この市民とプロレタリアートという、歴史を推進する二つの勢力のあとに現れたのが、生まれながらにして能力の高い人間と、能力のない生活保護受給者、という二つの集団だった。しかし、もしこうした社会の二つの集団への分断が「自然のなりゆき」として生じたものならば、左翼の主張する「連帯」などという美徳も、もはや必要ではないだろう。たとえば、ビーレフェルト大学の社会学者ヴィルヘルム・ハイトマイヤーの研究、『ドイツの情勢』のなかの現代を扱った章では、スローターダイクがかつて予告したように、下層階級との社会的連帯が急速に解体していっていることを論じている[249]。これと同じく、ニュルンベルクのマーケット研究機関「消費研究協会」によると、非常に熱心なザラツィン読者には、どちらかといえば比較的稼ぎの良い人たちが多いことが確認されている[250]。

すでにスローターダイクの、税に関するテーゼをめぐる議論で見られたように、社会の資産階級は、非特権階級をますます無能な人間として認識するようになっている。これに応じて、社会の変化に対する人びとの無関心も増大している。クルト・レンクが描写するように、一九世紀の社会学は、支配階級の批判的考察のなかから生じたため、社会の変化に対する歴史意識が消滅すれば、批判的なエリート概念も弱まってしまう。そして、人類学に完全に没頭して歴史への意識がさらに希薄になれば、支配がいかに形成されてきたかという社会経済的理由について、これ以上頭を悩ます必要がなくなってしまう。なぜなら、社会そのものをもはや考察の対象としないのであれば、社会を支配する権力に対しても、それ以上その成立の背景を問う必要がなくなるからだ。こうして社会は、怠惰、反省の欠如、あるいはむき出しの利害のために、今や「自然のなりゆき」というものに委ねられる。そして大抵の場合、この「自然のなりゆき」がもたらす調整作用は、市場の自由な働きへと投影されることになる。

このメカニズムは、すでに昔からよく知られたものだ。アドルノは、知識社会学者カール・マンハイム［一八九三〜一九四七］を批判する文脈で、「社会の意見が形成される過程で、人びとは「統合」によって平準化されるが、「統合」されない者は「淘汰」される」というマンハイムの考えは、誤ったコンセンサスを押しつけてくる力を隠蔽する、と非難した。そして、「社会の不安定で不合理な自己保存の働きは、社会がもともと持っていたとされる正義や「合理性」の働きへと作り変えられる」[251]と述べている。

ハルツⅣが導入された現代では、社会の下層階級において新たな分断が生じた。これは、労働市場から脱落した者は、「生存闘争」に十分に適応できなかった者であり、全体の損害を回避するためには、「生存闘争」による選別が必要だということを意味する。そして社会の上層には、この「ドイツの新たな非情さ」を、極めて熱心に支持する者たちが居座っているのである。

これは、時としてさらに奇妙なことを引き起こすこともある。たとえば、国家から給料をもらっている、南ドイツのサラブレッド育種家が育成する馬のなかには、「東方へのまなざし《オストブリック》」、「ザンジバル」、「ヒンデンブルク」といった名前のほかに、ザラツィンに捧げられた「ザラツインよ、永遠なれ《フォーエヴァー》」という名の「人騒がせの調教馬」もいた。ここには、ザラツィンの淘汰幻想に対する明らかな拍手喝采が表現されている。[252]このようにして、現代と、ヴァイマル時代のエリート主義の遺産である「乗馬愛好家《ヘレンライター》」とが、イメージの上で結び合わされるのだ。

そもそもが、ザラツィンやスローターダイクの唱える社会ダーウィニズムでは、彼らの価値モデルと、彼らがネガティヴな事例として挙げている「武士道モデル」との間には、根本的な違いがない。こうした動向全体が、古典的リベラリズムの終焉を告げている。ジャーナリスト、ロジャー・ベーレンス［一九六七〜］は週刊紙「ジャングルワールド」において、ザラツィンやスローターダイクをめぐる論争を要約して、現在、市民性《ビュルガーリッヒカイト》が「拡散していく」状況にあると述べた。

> リベラリズムまたは啓蒙という意味で「市民性」が粗野になり、「市民性」の首尾一貫性が失われ、個人化された意見は偶然性に依拠することで、「市民性」は拡散していった……。いまや議論すべきことは、支配層がイデオロギー的に新たに編成されるのかどうか、それによって、もはや法の支配や市民社会などといった、古い形態とは関係のない、新しい政治の概念が確立されるのかどうか、という点である。[253]

ザラツィンやスローターダイクは、こうした市民文化やリベラリズムの遺産が蝕まれていくプロセスに、ゴーサインを出したと言えるのではないだろうか。

自らが属する文化が没落していることを告げ知らせる黙示文学は、それ自体が文化の確固たる一要素である。市民の時代が終わるまでずっと命脈を保ってきた黙示文学のしぶとさが、そのことを証明している。しかし同時に、本来ならば他に取って代わられるべき文化に対し、黙示文学は遺伝的・生物学的な議論を通じて、「自然なこと」というそれ以上遡りえない属性を付与することで、文化を救済する。

テオドール・W・アドルノは、こうした事態が文化批判の本質的な要素であることをすでに見抜いていた。そしてアドルノの次の分析は、一見、社会とは関係ないものに目を向けさせることが、なぜこんなに流行しているのかについても示唆してくれている。

文化は退廃してしまったように思えるが、それは文化が単に本来の自分を取り戻したにすぎない。文化が中性化され物象化された場合にだけ、文化は偶像として崇拝される。この文化の物神崇拝は、徐々に重みが増していき、ついには神話となる。多くの文化批判者は、文献や伝承が断片的にしか存在しない原史の時代から、没落のなかで起源を想起させるような、怪しげな熱狂が席巻した一九世紀のリベラリズムの時代に至るまで、偶像に心を奪われてきたのだ。[254]

*

ザラツィンをめぐるお祭り騒ぎは、二一世紀になっても、いまだ権威主義の亡霊が払い除けられていないことを示した。社会学者レオ・ローウェンタール［一九〇〇～一九九三］は、一九四八年に、アメリカ社会のなかに見られた人をひどく不安にさせる現象、すなわちアメリカ政治の舞台での、「自称民衆煽動家」たちの影響を調査した研究を発表した。フランクフルト社会研究所に所属していたことがある、亡命知識人のローウェンタールは、ホルクハイマー、アドルノ、エーリッヒ・フロム［一九〇〇～一九八〇］といった、当時の研究所の同僚たちの行っていた権威主義的パーソナリティの社会心理学的研究と関連させてこの研究を行った。

ローウェンタールはこのなかで、大衆とは明らかに異なる役割を持ちつつも、巧みなプロパガンダによって大衆を惹きつける術を心得た煽動者の類型を発見した。ローウェンタールは、煽動者がプロパガンダを行うときには、自分の支持者に対して、つねに自分は「皆と同じ」であり、自分も敵の犠牲者だとアピールするという事実を見て取った。

煽動者の自分語りは、聴衆に対する近さと隔たりという二つに分かれる。一つは、近さを強調して、煽動者自身を「偉大なる小人」として定着させようとするものであり、もう一つが、隔たりを強調して、すさまじい苦難にもかかわらず、自分はつねに敵に対して勝利を収める、防弾チョッキを着た殉教者だとするものである。[255]

「偉大なる小人」と「殉教者」という煽動者の二つのモチーフが合わさるとき、支持者たちは、自分自身が迫害された者だと考える一方で、この迫害された者のなかに、自分たちの偶像がいると思い込むようにもなる。政治の煽動者は、つねに大衆との差異に留意しながらも、大衆との間にある、どんな違いをも乗り越えることのできる存在であり、煽動者と大衆は、自らのことを共通の敵の犠牲者同士であると見なす。さらに煽動者は、その土地固有のルーツや、「過酷な労働に励む国民」であるという帰属感、どんな社会的境界もいずれは克服されるという運命などを掲げることで、大衆とのさらなる近さを作り出す。

こうした煽動者の自己演出の効果は、ザラツィン論争のなかで観察することができる。ここで煽動者は、大衆を煽動する過程において、つねに近さと隔たりを自由に使って弄ぶという点が非常に重要である。煽動者は、「自分は大衆と何ら変わらない存在だ」と言いつづけるが、この言葉のなかに「自身は非凡な地位にあることを巧みに暗示する」[256]。ザラツィンが、この近さと隔たりという、二つの位相を巧みに使い分けていることは、一目瞭然である。彼は、公然と富裕市民のエリート主義的な習性を見せつけて、大衆との隔たりを作り出す一方で、煽動者による「偉大なる小人」の伝統的な振る舞いよろしく、大衆とふれあって近さを演出しているのである。[257]

ところで、ザラツィンは、まさに世論や大衆に積極的に働きかけようとする点で、別のところで挙げたシュペングラー型の、つねに机の前に居続けることを選んだ黙示録の予言者たちとは異なっている。ザラツィンは、普通の国民との間にぱっくりと開いた亀裂を、遺伝学に基づく社会統合を提案することで埋めようとする。つまりザラッツィンは、客観的に見れば、「自分は優れている」というエリート主義的な態度を装ってはいるが、少なくとも血統に関しては、潜在的なレベルでエリートと大衆には差異はないということを、言葉巧みに大衆に信じ込ませようとしているのである。

なるほど奇妙なことではある。なぜなら保守派にとっては、大衆社会では煽動が「行き過ぎている」という批判が、社会の民主化に抗うためのいつもの論拠であったのだが、「行き過ぎ」た煽動によってしか、これまで呪文のように唱えられてきた右翼陣営の復活が可能ではないかららである。実際に、まさに現在の行き過ぎたポピュリズムは、右翼の改革者たちに生きがいを与える魔法の水となっているのだ。

今日、ザラッツィンのような著述家たちが、「物事をはっきりと言う政治家」として歓迎されているのは、何よりも彼らが自分たちのルサンチマンをあけっぴろげに述べ立てるが故である。大きな出版社を抱える既存政党や、既存制度の代表者たちは、「言論の自由」のために戦う地下組織の闘士たちに対して、気取った態度しか取らない。そこで闘争は必然的にエスカレートしていく。なぜなら、自身がパルチザン的な立場にあると考える者は、ドイツ文化の没落を、ドイツの完全な破滅としか見ることができず、自分たちを批判する者は、自分たちを破滅させようとする意図を持っているにちがいないと考えるからだ。

この「エリートが民衆煽動家となる」現象の本質的な矛盾とは、文化の退廃を仰々しく告げるエリートが、退廃への嘆きを大衆受けするよう、融通無碍《ゆうずうむげ》に語って聞かせ、群衆から拍手喝采を求める、という点にある。そこで使われる大衆の煽動手段というのが、「君たちはみな反平等主義の大合唱に同調しさえすればよい。そうすれば、君たちは基本的には他の人間よりも卓越化《ディスタンクシオン》する可能性がある」と提案することなのである。

こうした手法が、メディアによって大きく増幅されたことも手伝って、結果として誕生したのが、自分たちは決して群衆などではない、と固く信じた大量の市民たちであった。市民たちは、たとえばスローターダイクの議論を援用して、自分たちの「業績」からうまい汁を吸う社会の受益者たちと一線を画し、自分たちの経済的利益こそが第一だと褒め称えることで、本質的に、他の人間とは異なる存在だと信じ込もうとしているのである。

これは、予言者自身にも当てはまる。予言者たちはつねに、自分はどこにも帰属していないという態度を取ってきたが、他方では、状況の変化に応じて、あらゆる場面で「帰属」という言葉を駆使してきた。このようにして彼らは、少なくとも教養市民層のなかにしっかりと根を下ろしていった。たとえば、シュペングラーの『西洋の没落』は、多くの国で出版されて大部数を達成し、ハンス・グリムの『土地なき民』はベストセラーとなり、この二つの本は、彼らを支持し受け入れた環境《ミリュー》を超えてさらに広く普及し、格言にさえなった。

フリードリヒ・ジーブルクも、隠遁とはおよそ無縁の生活を送った。ハンス＝ユルゲン・ジーバーベルクとボート・シュトラウスだけは世捨て人の振る舞いを捨てなかったが、彼らとて、芸術家として大成功を収めており、かつても今もいきいきと人びとの記憶のなかに残っている。『自覚ある国民』は、出版大手のウルシュタイン社から出版されていたし、今日ザラツィンは、シュプリンガー社と世界的なメディア・コングロマリット、ベルテルスマン・コンツェルンの政治的・社会的な利害が自分の後ろ盾となっていることを知っている。ザラツィンは、「ドイツ国民は馬鹿になっている」と不安を煽るが、実際にこの不安を垂れ流しているのは、シュプリンガー社が発刊する「ビルト」紙であり、ベルテルスマン・コンツェルン傘下のドイツの民間ＴＶ局「ＲＴＬ２」であって、こうしたメディアこそ、これまで「ドイツ国民の愚鈍化」に大きな役割を果たしてきた行為主体《アクター》なのである。このように、没落の予言者たちは、彼らが「没落の原因だ」と警告する当の対象と密接な同盟関係を結んでいるのだ。

これについて、数少ない先入観にとらわれることのなかった大衆文化の批判者ウンベルト・エーコ［一九三二～二〇一六］は、一見すると、「黙示文学者と統合された者」との間には根本的対立があると見えるが、実際には矛盾はないとして、両者を同じ現象の異なる表現として捉えることを提案している。

黙示文学者が、滅亡の理論を創作することで生き延びる一方、統合された大衆は、理論的な作業をほぼ放棄する。統合された大衆は、のびのびと軽やかに、日常生活のあらゆるレベルにおいて、自分たちのメッセージを生み出し伝えるのみである。黙示録とは、人と異なる意見を持つ、「反対者たち」の狂気の幻想にすぎない一方で、統合は、人と同じ意見しか持たない大衆が生きる具体的な現実なのである。黙示録のイメージは、大衆文化に関するテクストを読むとはっきりするが、統合のイメージは、大衆文化が生み出したテクストを読むなかから生じる。しかしひょっとすると、これら二つの側面が同じ一つのメダルの裏表でしかないとしたら、どうだろうか？　ひょっとすると黙示的なヴィジョンが、大量消費用にうまく作りかえられた産物だとしたら、どうだろうか[258]？

このように見ると、ザラツィンは、彼が公然と非難した、当の時代精神を代表する者だということになる。ザラツィンの『ドイツは自滅する』がベストセラーとなったという事実は、リヒャルト・ゲープハルトが書いたように、ドイツに残存する市民性の自己認識を突然襲った危機に対するわかりやすい指標だったのである[259]。したがって、一九世紀末以降の、市民文化の危機の産物である作家たちの伝統の延長にあるものとして、ザラツィンの『ドイツは自滅する』を読むのも、ごく必然のことであると言えよう。

このザラツィンの成功は、社会の二重の変化を物語っている。変化の一つ目は、この数十年間は、いつも極右の側からしか議論されてこなかった内容が、ここ最近になって明らかに社会の別の領域で受け入れられるようになった、ということである。この社会の変化は、今では抑えがきかないほど強くなったとされる「政治的な正しさ」や、また社会的不平等を新たに正当化しようとする極右による世論操作とも関係している。変化の二つ目は、歴史など他の伝統的な右翼のテーマが、劣勢に立たされている現状において、ドイツ右翼は将来のプロフィールを構築するにあたって、このザラツィンの成功から何かしらの示唆を得ることができたという点と関係している。

たとえば、CDUの政治家で追放者連盟議長のエーリカ・シュタインバッハ［一九四三〜］は、ザラツィンの本が出版される以前から、ポーランドを激しく攻撃していた。「一九三九年九月、ポーランドは、ドイツがポーランドに侵攻するより前に戦時動員をかけたために戦争が起きた」、「最初に侵略者として現れたのはドイツではなくポーランドだ」、というのがシュタインバッハの歴史解釈であった。しかしドイツの世論は、ザラツィンの主張とは対照的に、彼女の議論をほとんど受け入れなかった。シュタインバッハが、ドイツのポーランド侵攻に関して、ドイツ・ライヒに「侵略国ではなく防衛的な役割」を与えようとしたことが、ドイツ右翼の典型的な犠牲者戦略に沿ったものであることは、あまりにも明らかだった。結局、シュタインバッハは歴史を歪曲するのと引き換えに、嘲笑と怒りを買うことになった。

確かに、このシュタインバッハの発言をきっかけとして、右翼陣営内では（ザラッツィン論争でもそうだったように）、あまりにリベラルすぎるメルケル首相や左翼の「善意の人」に対する誹謗中傷の嵐が吹き荒れた。にもかかわらず、ドイツの世論一般には、（ザラッツィンの場合と違って）このシュタインバッハの発言をポジティブに受け止める意見はほとんどなかった。ザラッツィンのように移民社会の困難を嘆くことについては、社会は喜んで受け入れたが、シュタインバッハのような明らかな歴史修正主義は、今や社会のコンセンサスを形成することができないように見えるのである。

こうして、ここに明らかな議論の転換が認められる。すなわち、移民のような戸口の前に立って人の行く手に立ちふさがるようなテーマに比べると、もはや人びとの実生活に影響しない歴史的なテーマでは、市民の同意を得ることができない、ということである。一九四五年に失われた以前のライヒの東方領土［ドイツが第二次世界大戦により失った、オーデル・ナイセ線（現在のポーランドとの国境）以東の旧ドイツ領のこと］に対する関心は、生活保護費を誰に払うのかといった社会福祉制度の問題や、今後どのようにして移民の流入を制御するのか、という問題ほど際立つものではなくなっているのだ。

今後、ドイツ右翼もこのトレンドに沿って、歴史問題ではなく移民問題をますます取り上げるようになっていくだろう。「若き自由」のような右翼の新聞は、現在でもすでに歴史修正主義と移民問題という二つの言説を互いに結合しようとしている。「若き自由」は長期的には、移民流入論争に関して、「覚醒した」国民的自覚が歴史政治の次元でも利用できるようになることを望んでいる。そのときまでに、ザラツィンやその同調者たちが、伝統的な右翼のテーゼや概念を社会の中核にしっかりと定着させておいてくれるならば、それは「若き自由」にとっては願ったり叶ったりの状況となろう。

今や、ザラツィンやスローターダイクのような著述家たちによって説き起こされた、「エリート」「能力」「遺伝」をめぐる議論は、たとえば、元来NPDなどに全く感銘を受けたことのないようなドイツ人の層にまで届くことになった。社会は将来、「新右翼」のこうした動向に対応するための覚悟と準備をしなければならないだろう。

注

第1章

1 Lettre International. Europas Kulturzeitung. Nr. 86, Herbst 2009, S. 197-201.

2 http://www.tip-berlin.de/kultur-und-freizeit-stadtleben-und-leute/lettre-chef-berberich-uber-das-interview-mit-thilo-sarrazin. Vgl. auch: Bild klaut Sarrazin-Interview. In: taz v. 28. Oktober 2009.

3 Thilo Sarrazin, Deutschland schafft sich ab. Wie wir unser Land aufs Spiel setzen. München (9. Auflage) 2010.

4 Vgl. Sarrazin 2010, S. 409.

5 Thea Dorn, Lust an der Apokalypse. In: Der Spiegel 2/2009, S. 126-127.

6 Peter Sloterdijk, Du musst Dein Leben ändern. Über Anthropotechnik. Frankfurt a. M. 2009, S. 701.

7 Theodor W. Adorno, Kulturkritik und Gesellschaft. In: Derselbe, Prismen, Kulturkritik und Gesellschaft. Frankfurt a.M. 1977, S. 7-26, ここでは S. 7.［テオドール・W・アドルノ「文化批判と社会」『プリズメン』渡辺祐邦、三原弟平訳、ちくま学芸文庫、一九九六年、九頁］

8 Oswald Spengler. Der Untergang des Abendlandes. Umrisse einer Morphologie der Weltgeschichte. München 1988.［オスヴァルト・シュペングラー『西洋の没落——世界史の形態学の素描〈第一巻〉形態と現実と』、『西洋の没落——世界史の形態学の素描〈第二巻〉世界史的展望』村松正俊訳、定本版、五月書房、二〇〇一年。なお、本書では Abendland を「夕べの国」と訳しているが、Der Untergang des Abendlandes についてのみ、邦訳により広く知れ渡っている『西洋の没落』を採用する］

9 Kurt Lenk, Das Problem der Dekadenz seit Georges Sorel. In: Heiko Kauffmann/Helmut Kellershohn/Jobst Paul, Völkische Bande. Dekadenz und Wiedergeburt-Analysen rechter Ideologie. Münster 2005, S. 49-63, ここでは S. 50.

10 José Ortega y Gasset, Der Aufstand der Massen. In: Derselbe, Signale unserer Zeit. Essays. Stuttgart u.a. o.D. [um 1952], S. 151-304, ここでは S. 264.［オルテガ「大衆の反逆」、寺田和夫訳、高橋徹責任編集『マンハイムとオルテガ　世界の名著56』、中央公論社、一九七一年、三八三〜五四六頁、ここでは五〇四頁］

11 Thomas Mann, Betrachtungen eines Unpolitischen. Gesammelte Werke Bd. 6. Berlin 1929, S. 514.［トーマス・マン『非政治的人間の考察（上）（中）（下）』前田敬作／山口知三訳、筑摩書房、一九六八〜七一年、ここでは下巻の一八九頁］

第2章

12 Sarrazin 2010, S. 27.

13 Edgar Julius Jung, Die Herrschaft der Minderwertigen, ihr Zerfall und ihre Ablösung. Berlin 1927.

14 Edgar Julius Jung, Die Herrschaft der Minderwertigen, ihr Zerfall und ihre Ablösung durch ein Neues Reich. Berlin 1930.

15 Jung 1927, S. 334 f.

16 Jung 1930, S. 587.

17 同前、S. 588.

18 Sarrazin 2010, S. 350.
19 Jung 1930, S. 592.
20 Spengler 1988, S. 679.〔シュペングラー前掲書、第二巻、八六頁〕
21 Jung 1927, S. 234 f.
22 Jung 1930, S. 592 f.
23 Aurel Kolnai, The war against the West. London 1938, S. 617.
24 Vgl. Guido Fehling Eine Rente für die Witwe Jungs. In: Jahrbuch zur Konservativen Revolution. Köln 1994, S. 307-309.
25 Marcel Reich-Ranicki, Mein Leben. München 2001, S. 396 f.〔マルセル・ライヒ＝ラニツキ『わがユダヤ・ドイツ・ポーランド　マルセル・ライヒ＝ラニツキ自伝』、西川賢一訳、柏書房、二〇〇二年、三四二頁〕
26 Peter Longerich, Propagandisten im Krieg. Die Presseabteilung des Auswärtigen Amtes unter Ribbentrop. München 1987, S. 51.
27 Joachim Fest, Friedrich Sieburg. Ein Portrait ohne Anlaß. In: Derselbe, Aufgehobene Vergangenheit. Portraits und Betrachtungen. Stuttgart 1981, S. 70-95, ここでは S. 71.
28 Friedrich Sieburg, Die Lust am Untergang. Selbstgespräche auf Bundesebene. Reinbek bei Hamburg 1961, S. 28.
29 同前、S. 40.
30 同前、S. 40.
31 同前、S. 74 ff.
32 同前、S. 78.
33 Ortega y Gasset 1952, S. 151-304.〔オルテガ前掲書〕
34 同前、S. 161.〔オルテガ前掲書、三九五頁〕
35 同前、S. 160.〔オルテガ前掲書、三九四頁〕
36 同前、S. 240.〔オルテガ前掲書、四七八頁〕
37 同前、S. 188.〔オルテガ前掲書、四二二頁〕
38 同前、S. 155.〔オルテガ前掲書、三八九頁〕
39 同前、S. 163.〔オルテガ前掲書、三九七頁〕
40 同前、S. 159.〔オルテガ前掲書、三九三頁〕
41 同前、S. 184.〔オルテガ前掲書、四一九頁〕
42 同前、S. 169.〔オルテガ前掲書、四〇三頁〕
43 同前、S. 170.〔オルテガ前掲書、四〇四頁〕
44 同前、S. 162 f.〔オルテガ前掲書、三九七頁〕

45 同前、S. 182.［オルテガ前掲書、四一七頁］

46 Theodor W. Adorno, Das Bewusstsein der Wissenssoziologie. In: Derselbe 1977, S. 27-42, ここでは S. 31.［テオドール・W・アドルノ「知識社会学の意識」『プリズメン』渡辺祐邦、三原弟平訳、ちくま学芸文庫、一九九六年、三七～六〇頁、ここでは四三頁］

47 同前［アドルノ「知識社会学の意識」、四四頁］

48 Ortega y Gasset 1952, S. 204.［オルテガ前掲書、四三九～四四〇頁］

49 Georges Bataille, Die psychologische Struktur des Faschismus, in: Derselbe, Die psychologische Struktur des Faschismus. Die Souveränität. Mit einem Nachwort von Rita Bischof. München 1978, S. 7-43, ここでは S. 22.［ジョルジュ・バタイユ「ファシズムの心理構造」、『ドキュマン　バタイユ著作集11』片山正樹訳、二見書房、一九七四年、二三一～二七八頁、ここでは二四二頁］

50 Kurt Lenk/Gunter Meuter/Henrique Ricardo Otten, Vordenker der Neuen Rechten. Frankfurt a. M./New York 1997, S. 95.

51 Vgl. Arnold Gehlen, Moral und Hypermoral. Eine pluralistische Ethik. Bonn 1969, S. 29.

52 Gehlen 1969, S. 32.

53 Karlheinz Weißmann, Arnold Gehlen. Vordenker eines neuen Realismus. Bad Vilbel 2000.

54 Gehlen 1969, S. 25.

55 同前、S. 37.

56 同前、S. 62.

57 同前、S. 62.

58 同前、S. 65, vgl. 同じく S. 79 ff.

59 Oswald Spengler, Preußentum und Sozialismus. In: Derselbe, Politische Schriften. München 1933, S. 3-105.

60 Gehlen 1969, S. 103.

61 同前、S. 103.

62 同前、S. 104.

63 同前、S. 106.

64 同前、S. 107.

65 同前、S. 107.

66 同前、S. 108.

67 同前、S. 109.

68 同前、S. 110.

69 同前、S. 120.

70 同前、S. 49.

第3章

71 http://studienzentrum-weikersheim.eduxx-irs.de/home/SZW_HOME_WEIKERSHEIM.php.

72 Günter Rohrmoser, Wovon wollen wir in Zukunft geistig leben? Geistige Wende -warum? In: Studienzentrum Weikersheim e.V. (Hrsg.), Wovon wollen wir in Zukunft geistig leben? Dokumentation XIII, Mainz 1986, S. 41-55, ここでは S. 45 f.

73 Hans Mommsen, Stehen wir vor einer neuen Polarisierung des Geschichtsbildes in der Bundesrepublik Deutschland? In: Geschichte in der demokratischen Gesellschaft. Eine Dokumentation, herausgegeben von Susanne Miller unter Mitarbeit von Wilhelm van Kampen/Horst Schmidt. Mit einem Geleitwort von Willy Brandt. Düsseldorf 1985, S. 71-83, ここでは S. 80.

74 Vgl. »Dann kämpft man eben bis zur letzten Patrone«. Der große deutsche Publizist Wolfgang Venohr spricht erstmals in der JF über seine Kriegserlebnisse. In: JF 23/02.

75 Rohrmoser in: Studienzentrum Weikersheim 1986, S. 41-55, ここでは S. 43.

76 Hartmut Boockmann, Mit Geschichte leben. In: Studienzentrum Weikersheim 1986, S. 7-22, ここでは S. 19.

77 Rohrmoser in: Studienzentrum Weikersheim 1986, S. 41-55, ここでは S. 47.

78 同前、S. 41-55, ここでは S. 50.

79 同前、S. 41-55, ここでは S. 54 f.

80 Botho Strauß, Anschwellender Bocksgesang. In: Der Spiegel 6/1993, S. 202-207. 以下では、次に採録されているバージョンを引用する。Heimo Schwilk, Ulrich Schacht (Hrsg.), Die selbstbewusste Nation. »Anschwellender Bocksgesang« und weitere Beiträge zu einer deutschen Debatte. Frankfurt a.M./Berlin 1995, S. 19-40.

81 Ralf Havertz, Der Anstoß. Botho Strauß, »Anschwellender Bockgesang« und die Neue Rechte. Eine kritische Diskursanalyse. Bd. 1 u. 2, Berlin 2008/1, S. 7.

82 Strauß 1995, S. 24.

83 同前、S. 39.

84 Vgl. Havertz 2008/1, S. 97 ff.

85 Strauß 1995, S. 20.

86 同前、S. 21 f.

87 Havertz 2008/1, S. 529.

88 Botho Strauß, Der Schlag. In: Der Spiegel 41/2001, S. 225.

89 Botho Strauß, Der Konflikt. In: Der Spiegel 7/2006, S. 120-121, ここでは S. 121.

90 Strauß 2006, S. 121.

91 同前、S. 121.

92 Michael Wiesberg, Botho Strauß. Dichter der Gegenaufklärung. Dresden 2002.

93 Hans-Jürgen Syberberg, Eigens und Fremdes. Über den Verlust des Tragischen. In: Schwilk/Schacht 1995, S. 124-133.

94 Hans-Jürgen Syberberg, Die Kunst als Rettung aus deutscher Misere. Ein Essay. In: Derselbe, Hitler, ein Film aus Deutschland. Reinbek bei Hamburg 1978, S. 7-60.

95 Vgl. Hans Joachim Hahn, Repräsentationen des Holocaust. Zur westdeutschen Erinnerungskultur seit 1979. Heidelberg 2005, S. 123 ff.

96 Syberberg in: Schwilk/Schacht 1995, S. 124-133, とりわけ S. 129.

97 Hans-Jürgen Syberberg, Vom Unglück und Glück der Kunst in Deutschland nach dem letzten Kriege. München 1990.

98 Syberberg 1990, S. 28.

99 Vgl. Hahn 2005, S. 119 ff.

100 Werner Fuld, Hitler neu bedenken? An Syberbergs Unwesen soll die Welt genesen; und Frank Schirrmacher, Anmerkungen zu einem Ärgernis. In: FAZ v. 24. August 1990.

101 Hans-Jürgen Syberberg -der Unberechenbare. Regie: Carlos Gerstenhauer, im Bayerischen Fernsehen ausgestrahlt am 4. Dezember 2010.

102 Hans-Jürgen Syberberg, Der Wald steht schwarz und schweiget. Notizen aus Deutschland. Zürich 1984, S. 104.

103 »Man will mich töten.« André Müller spricht mit Hans-Jürgen Syberberg. In: Die Zeit 40/1988.

104 Syberberg 1990, S. 18.

105 Hahn 2005, S. 134.

106 Sieburg 1961, S. 53.

107 Syberberg 1990, S. 30.

108 同前、S. 18.

109 同前、S. 18.

110 Syberberg in: Schwilk/Schacht 1995, S. 124-133, とりわけ S. 125.

111 Vgl. Hahn 2005, S. 132.

112 同前、S. 115.

113 同前、S. 118.

114 Martin Lichtmesz, »Das Vergessen trägt den Namen Hitler«, Wiedereroberung besetzten Geländes: Hans-Jürgen Syberbergs Tour de force erscheint erstmals auf DVD. In: JF 21/07.

115 Andreas Krause Landt, Hitlers langer Atem. In: JF 49/10.

第4章

116 Vgl. Karlheinz Weißmann, Der Wind dreht sich. In: JF 45/09.

117 Peter Sloterdijk, Regeln für den Menschenpark. Ein Antwortschreiben zum Brief über den Humanismus -die Elmauer Rede. In: Die Zeit 38/1999.〔ペーター・スローターダイク『「人間園」の規則――ハイデッガーの『ヒューマニズム書簡』に対する返書』、仲正昌樹訳、御茶の水書房、二〇〇〇年〕

118 Peter Sloterdijk, Die Verachtung der Massen. Versuch über Kulturkämpfe in der modernen Gesellschaft. Frankfurt a. M. 2000.〔ペーター・スローターダイク『大衆の侮蔑　現代社会における文化闘争についての試論』、仲正昌樹訳、御茶の水書房、二〇〇一年〕

119 同前、S. 14.〔スローターダイク『大衆の侮蔑』、一八頁〕

120 同前、S. 83.〔スローターダイク『大衆の侮蔑』、一一〇頁〕

121 同前、S. 59 f.〔スローターダイク『大衆の侮蔑』、七四～七七頁〕

122 同前、S. 18.〔スローターダイク『大衆の侮蔑』、一八頁〕

123 Sloterdijk 2009, S. 13.

124 同前、S. 15.

125 同前、S. 28.

126 同前、S. 14.

127 Sloterdijk 2000, S. 46.〔スローターダイク『大衆の侮蔑』、五四～五五頁〕

128 同前、S. 90.〔スローターダイク『大衆の侮蔑』、一二一頁〕

129 Peter Sloterdijk, Die Revolution der gebenden Hand. In: FAZ v. 13. Juni 2009.

130 Sloterdijk 2009, S. 536.

131 同前、S. 543.

132 同前、S. 543.

133 Sloterdijk 2000, S. 73.〔スローターダイク『大衆の侮蔑』、九六頁〕

134 Sloterdijk 2009, S. 548 f.

135 同前、S. 549, Fn. 63.

136 同前、S. 548.

137 同前、S. 26.

第5章

138 Michael Gamper, Masse lesen, Masse schreiben. Eine Diskurs- und Imaginationsgeschichte der Menschenmenge 1765-1930. München 2007, S. 476.

139 Hans Freyer, Theorie des gegenwärtigen Zeitalters. Stuttgart 1955.

140 Gustave Le Bon, Psychologie der Massen. Leipzig 1912, S. 3 f.〔ギュスターヴ・ル・ボン『群衆心理』、櫻井成夫訳、講談社学術文庫、一九九三年、一七頁。なお、翻訳で用いられて

いる「群衆」という語は、本書では「大衆」と訳した〕

141 Gamper 2007, S. 482.

142 同前、S. 483.

143 同前、S. 475.

144 Kurt Lenk, Vom Zeitalter der Massen zum Aufstand der Eliten. In: Derselbe, Von Marx zur kritischen Theorie. Dreißig Interventionen. Münster 2009, 212-218, ここでは S. 214.

145 Le Bon 1912, S. 5.〔ル・ボン前掲書、一八〜一九頁〕

146 Lenk 2009, 212-218, ここでは S. 212.

147 Kurt Lenk, »Elite«-Begriff oder Phänomen? In: Lenk 2009, 195-211, ここでは S. 197.

148 Lenk 2009, S. 212-218, ここでは S. 213.

149 同前

150 Lenk 2009, S. 212-218, ここでは S. 214.

151 同前、S. 195-211, ここでは S. 195.

152 Sarrazin 2009, S. 201.

153 Strauß 1995, S. 31.

154 Havertz 2008/1, S. 527.

第6章

155 Jung 1930, S. 595.

156 同前、S. 595 f.

157 同前、S. 596.

158 同前、S. 578.

159 Oswald Spengler, Jahre der Entscheidung. München 1933, S. 160.

160 Jung 1927, S. 93.

161 Sarrazin 2010, S. 11.

162 同前、S. 188.

163 同前、S. 92.

164 同前、S. 93.

165 同前、S. 80.

166 Vgl. Madison Grant, Der Untergang der großen Rasse. Die Rassen als Grundlage der Geschichte Europas. München 1925.

167 Vgl. Gabriele Moser, »Im Interesse der Volksgesundheit...« Sozialhygiene und öffentliches Gesundheitswesen in der Weimarer Republik und der frühen SBZ/DDR. Ein Beitrag zur Sozialgeschichte des deutschen Gesundheitswesens im 20. Jahrhundert. Frankfurt a.M. 2002, S. 44 ff.

168 Jung 1927, S. 336.

169 Sarrazin 2010, S. 149.

170 Vgl. Tanja Reusch, Die Ethik des Sozialdarwinismus. Frankfurt u.a. 2000, S. 35 ff.

第7章

171 「文化的絶望（Cultural Despair）」という概念は、アメリカのドイツ史家フリッツ・スターン〔一九二六～二〇一六〕の、パウル・ド・ラガルド、ユリウス・ラングベーン、アルトゥール・メラー・ファン・デン・ブルックについて論じた古典的著作のタイトルのなかの概念（The Politics of Cultural Despair, Berkeley 1991.〔中道寿一訳『文化的絶望の政治　ゲルマン的イデオロギーの台頭に関する研究』（三嶺書房、一九八八年）〕）だが、ドイツ語版〔Fritz Stern, *Kulturpessimismus als politische Gefahr. Eine Analyse nationaler Ideologie in Deutschland*, Stuttgart 2000.〕で流通している「文化ペシミズム（Kulturpessimismus）」という言葉よりも、「文化的絶望」のほうがより適切である。なぜなら前述の著述家には、諦観した「悲観論者《ペシミスト》」などはほとんどおらず、彼らの態度は最終的に攻勢へと転じたからである。

172 Sieburg 1961, S. 12.

173 Thilo Sarrazin, Ich hätte eine Staatskrise auslösen können. In: FAZ v. 24. Dezember 2010.

174 Armgard Seegers, Wir wollen keine Sprechverbote. In: Bild v. 4. September 2010.

175 Vgl. Richard Gebhardt, Das »Sarrazin-Syndrom«. Ein Bestseller als Krisenindikator. In: Das Argument 289/2010, S. 859-869.

176 Sprache ist Macht. In: JF 41/10 und Die Treibjagd auf Sarrazin. In: JF 36/10.

177 Hermann L. Gremliza, Man wird ja wohl noch.... In: konkret 10/2010.

178 Vgl. Therapeut und Brandstifter, SZ v. 30. September 2010.

179 Karl-Heinz Bohrer, Lobhuddeleien der Gleichheit, FAZ v. 21. Oktober 2010.

180 Vgl. Carl Schmitt, Theorie des Partisanen. Zwischenbemerkung zum Begriff des Politischen. Berlin 1992, S. 25 Fn. 16.〔カール・シュミット『パルチザンの理論　政治的なものの概念についての中間所見』新田邦夫訳、ちくま学芸文庫、一九九五年、四六頁、注一六〕

181 Vgl. Alfred Schobert, Netze, Viren, Ströme -Wurzeln und das Reich oder: Wie Alain de Benoist mit Carl Schmitt der »Dampfwalze der Globalisierung« trotzen will. In: Derselbe, Analysen und Essays. Extreme Rechte -Geschichtspolitik -Poststrukturalismus. Münster 2009, S. 61-65.

182 Schmitt 1992, S. 28.〔シュミット前掲書、四四～四五頁〕

183 同前、S. 26.〔シュミット前掲書、四七～四八頁〕

184 同前、S. 22.〔シュミット前掲書、三七～三八頁〕

185 同前、S. 17.〔シュミット前掲書、二九頁〕

186 Heimo Schwilk, Landnahme eines Mythomanen In: Die Welt v. 12. November 2010.

187 Sarrazin 2010, S. 8.

188 Gehlen 1969, S. 32.

189 同前、S. 41.

190 Ortega y Gasset 1952, S. 160.［オルテガ前掲書、三九四頁］

191 Sarrazin 2010, S. 10.

192 Neuer Wortschatz, Neologismen der 90er Jahre im Deutschen. Berlin 2004, S. 148 f.

193 Klaus Bittermann/Gerhard Henschel (Hrsg.), Das Wörterbuch des Gutmenschen. Zur Kritik der moralisch korrekten Schaumsprache. Berlin 1994, S. 10. この辞典への共同作業が何に対しても抵抗力を与えなかったことは、「この辞典の項目に寄稿した」エックハルト・ヘンシャイトが証明している。彼は、最後には『若き自由』にすら記事を発表した。

194 Rudolf Walther, Die selbstbewusste Nation. In: Wiglaf Droste/Klaus Bittermann (Hrsg.), Das Wörterbuch des Gutmenschen Band II. Zur Kritik von Plapperjargon und Gesinnungssprache. Berlin 1995, S. 57-62, ここでは S. 57.

195 Klaus Rainer Röhl, Deutsches Phrasenlexikon. Lehrbuch der Politischen Korrektheit für Anfänger und Fortgeschrittene. Frankfurt a.M. 1995.

196 Klaus Rainer Röhl, Zerstörte Illusionen. In: JF 12/98.

197 Matthias N. Lorenz, ›Political Correctness‹ als Phantasma. Zu Bernhard Schlinks ›Die Beschneidung‹. In: Klaus-Michael Bogdal, Klaus Holz, Matthias N. Lorenz (Hrsg.), Literarischer Antisemitismus nach Auschwitz. Stuttgart und Weimar 2007, S. 219-242, ここでは S. 224.

198 Heinrich von Treitschke, Unsere Aussichten. In: Preußische Jahrbücher, Band 44/1879, S. 559-576, ここでは S. 572 f.［H・V・トライチュケ「われわれの見通し」――訳と解説――」下村由一訳、『論集』1（駒澤大学）、一九七二年、九五～一一八頁、ここでは一一二頁］

199 同前、S. 571.［トライチュケ前掲書、一一一頁］

200 同前、S. 571 f.［トライチュケ前掲書、一一一頁］

201 Mann 1929, S. 33.［マン前掲書（上）、九六頁］

202 同前、S. 22 f.［マン前掲書（上）、八四頁］

203 Gehlen 1969, S. 18 f.

204 Karl Marx/Friedrich Engels, Die heilige Familie oder Kritik der kritischen Kritik. Werke 2. Berlin 1974, S. 3-223, ここでは S. 213.［フリードリヒ・エンゲルス、カール・マルクス「聖家族　批判的批判の批判　ブルーノ・バウアーとその伴侶を駁す」、大内兵衛・細川嘉六監訳『マルクス＝エンゲルス全集　第2巻』、大月書店、一九六〇年、三～二二三頁、ここでは二一二頁］

205 Friedrich Nietzsche, Zur Genealogie der Moral. In: Kritische Studienausgabe Bd. 5, herausgegeben von Giorgio Colli und Mazzino Montinari. München 1993, S. 246-337.［フリードリヒ・ニーチェ、『道徳の系譜学』、中山元訳、光文社古典新訳文庫、二〇〇九年、一一一頁］

206 Gehlen 1969, S. 25.

207 Sieburg 1961, S. 43.

208 Strauß 1995, S. 22.

209 Sloterdijk 2009, S. 707.

210 同前、S. 376.

211 Lenk et al. 1997, S. 12.

第8章

212 Kritischer Rationalismus und Sozialdemokratie I. Mit einem Vorwort von Helmut Schmidt. Herausgegeben von Georg Lührs, Thilo Sarrazin, Frithof Spreer und Manfred Tietzel. Berlin u.a. 1975. ; Kritischer Rationalismus und Sozialdemokratie II, Diskussion und Kritik. Herausgegeben von Georg Lührs, Thilo Sarrazin, Frithof Spreer und Manfred Tietzel. Berlin u.a. 1976.

213 Sarrazin et. al. 1975, S. 7.

214 同前、S. 8.

215 Sarrazin 2010, S. 34.

216 同前、S. 154.

217 Vgl. 同前 S. 326 ff.

218 Jürgen Liminski, Fahrschein in den Sozialismus. In: JF 38/2010.

219 Sarrazin 2010, S. 328.

220 Gabriele Kuby, Verstaatlichung der Erziehung. Bohrende Fragen an den Staat. In: JF 33/2008.

221 Richard Gebhardt, Stammtisch ohne Führer, in: Jungle World 44/2010.

222 Vgl. これに関しては、Volker Weiß, Das Reich und der Islam. In: Claudia Globisch/Agnieszka Pufelska/Volker Weiß (Hrsg.), Die Dynamik der europäischen Rechten. Geschichte, Kontinuitäten und Wandel. Wiesbaden 2011, S. 227-243.

223 Kirsten Heisig, Das Ende der Geduld. Konsequent gegen jugendliche Gewalttäter. Freiburg i.B. 2010.

224 Vgl. http://www.spv-fuer-volksentscheide.beepworld.de/.

225 Sarrazin 2010, S. 393.

226 同前、S. 196.

227 Thilo Sarrazin zieht Bilanz: Ich hätte eine Staatskrise auslösen können. In: FAZ v. 24. Dezember 2010.

228 http://www.welt.de/print/wams/politik/article10919793/Sarrazin-distanziert-sich-von-Sarrazin.html.

229 Vgl. Jan Fleischhauer, Da sind wieder vier in Kopftüchern. In: Der Spiegel 51/10, S. 40-50, ここでは S. 44.

230 Sarrazin 2010, S. 227.

231 Vgl. Karin Steinberger, Ich, der Ali. In: SZ v. 5./6. Januar 2011.
232 Sarrazin 2010, S. 7.
233 同前、S. 11.
234 同前、S. 346.
235 同前、S. 8.
236 »Es war ein langer und lauter Furz«. Henryk M. Broder interviewt Thilo Sarrazin. In: Taz v. 7. Dezember 2010.
237 Thorsten Hinz, Prophet einer Wende. In: JF 36/10.
238 Über den Volkstod reden. In: JF 36/10. Vgl. zu Hepp auch: Jens Mecklenburg (Hrsg.), Handbuch deutscher Rechtsextremismus. Berlin 1996, S. 240 f.
239 Wer hat's erfunden? In: Deutsche Stimme v. 29. September 2010.
240 Andreas Speit, Nichts dazugelernt. In: Der Freitag v. 27. Mai 2005. ヴァイスはＮＰＤに近い雑誌『いま、ここで』でのインタビューでも、自分をザラツィンの先駆者だと述べている。vgl. hier&jetzt, radikal rechte Zeitung 16/2010.
241 Vgl. Sarrazin 2010, S. 348. 同じ数値が、Volkmar Weiss: Die IQ-Falle: Intelligenz, Sozialstruktur und Politik. Graz 2000, S. 174 ff. のなかに挙げられているのが確認できる。なお同書は、「日曜版ヴェルト」紙二〇〇一年一月四日号においてハイモ・シュヴィルクからきわめて肯定的に論評された。
242 http://knol.google.com/k/volkmar-weiss/volkmar-weiss-rezension-thilo-sarrazin/19iebpu8jegcn/37#.
243 Treitschke 1879, S. 574.［トライチュケ前掲書、一一四頁］
244 同前、S. 575.［トライチュケ前掲書、一一五頁］
245 Pierre Krebs (Hrsg.), Das unvergängliche Erbe. Alternativen zum Prinzip der Gleichheit. Mit einem Vorwort von Hans Jürgen Eysenck. Tübingen 1981.
246 »Die große Zustimmung beunruhigt mich etwas«. Thilo Sarrazin im Streitgespräch mit Frank Schirrmacher. In: FAZ v. 1. Oktober 2010.
247 Jörg Rieck, Zur Debatte der Vererblichkeit von Intelligenz. In: Krebs 1981, S. 315-371.
248 このリーガーによる自己申告は、以下。http://www.juergen-rieger.de/ineigenersache/zumauftakt.html.
249 Wilhelm Heitmeyer (Hrsg.), Deutsche Zustände. Folge 9. Frankfurt a.M. 2010.
250 Vgl. die Auswertung der durch die Süddeutsche Zeitung in Auftrag gegebenen Studie der Gesellschaft für Konsumforschung unter dem Titel »Der Männerbund des Thilo Sarrazin« in: SZ v. 8./9. Januar 2010.
251 Theodor W. Adorno, Das Bewusstsein der Wissenssoziologie. In: Derselbe, Prismen, S. 27-42, ここでは S. 28.［アドルノ「知識社会学の意識」、四〇頁］
252 Vgl. http://hubertushof-sportpferde.de/.
253 Roger Behrens, Die Krise macht die Bürger irre. Die neue Ausgabe der Studie »Deutsche Zustände« stellt den wachsenden Hass der Wohlhabenden fest, in: Jungle World 50/2010.
254 Theodor W. Adorno, Kulturkritik und Gesellschaft. In: Derselbe, Prismen, S. 7-26, ここでは S. 13.［アドルノ「文化批判と社会」、一八頁］
255 Leo Löwenthal, Falsche Propheten. Studien zum Autoritarismus. Schriften 3. Frankfurt a.M. 1990, S. 128.［L・ローウェンタール、N・グターマン『煽動の技術――欺瞞の予言者』、

辻村明訳、岩波現代叢書、一九五九年、一九三〜一九四頁〕

256 Löwenthal 1990, S. 129.〔同、一九五頁〕

257 Löwenthal 1990, S. 128.〔同、一九四頁〕

258 Umberto Eco, Apokalyptiker und Integrierte. Zur kritischen Kritik der Massenkultur. Frankfurt a.M. 1986.

259 Richard Gebhardt, Das »Sarrazin-Syndrom«. Ein Bestseller als Krisenindikator. In: Das Argument 289/2010, S. 859-869.

すべてのオンライン出典については、二〇二一年一月一七日現在のものである。

解説・資料編

写真:ロイター／アフロ

ティロ・ザラツィンの『ドイツは自滅する(Deutschland schafft sich ab)』は２０１０年8月末に出版されるや、たった2カ月で１１０万部を出来し、ドイツ語で書かれた政治本としては、直近10年間で最も売れた本となった。一方で、メルケル首相は「全く受け入れることができない(vollkommen inakzeptabel)」というコメントを発表。ドイツではタブーとされてきた人種差別的な内容に踏み込んだという評価もあり、実際、一部の国民からは「よくぞ言ってくれた」と彼を支持する投書が新聞に寄せられた。

［解説］

現代ドイツ政治と「新右翼」

佐藤公紀

二〇一七年にヨーロッパ諸国で行われた国政選挙・大統領選挙において、各国のポピュリスト政党は軒並み躍進を果たした。オランダ下院議会選挙（三月一五日）ではウィルダース党首率いる「自由党」が、ドイツ連邦議会選挙（九月二四日）ではガウラント共同代表らが率いる「ドイツのための選択肢」が、オーストリア国民議会選挙（一〇月一五日）ではシュトラッヘ党首率いる「自由党」が、チェコ議会下院選挙（一〇月二〇～二一日）ではバビシュ党首率いる「ANO」が、それぞれ第一党から第三党となり、またフランス大統領選挙（五月七日）ではル・ペン党首率いる「国民戦線」（現・国民連合）が決戦投票で三割を越える票を集めるなど、権力を奪取するか、権力奪取の一歩手前にたどり着くか、あるいは権力を窺う可能性のある立場を確保するかのいずれかに至ったのである。

このなかで、ドイツの選挙結果は特に衝撃的だった。この選挙で新興右翼政党「ドイツのための選択肢（Alternative für Deutschland, AfD）」が12・6％の得票率を得て、第三党に躍進したのである。このＡｆＤは、二〇一三年の結党以降、同年九月の党最初の国政選挙では議席獲得まで一歩及ばなかったものの、二〇一五年には難民危機という「天祐《てんゆう》」もあって、その後に行われた全ての州議会選挙で勝利し、二〇一七年の選挙で初の国政進出を果たしたのである。ＡｆＤは現在、連邦のほかドイツ一六州全てで議席を有している。

この選挙結果が深刻に受け止められたのは、他のヨーロッパ諸国でポピュリズム勢力が勢いを増すなかにあっても、第二次世界大戦後からこのかた、地方レベルではともかく、国政レベルでの右翼政党の伸長が全く見られなかったドイツで、このような事態に至ったからである。ナチズムの過去を持つドイツは、戦後の民主化、そしてドイツ再統一の過程を経て、ナショナリズムや人種主義や右翼急進主義といったドイツの「悪しき」伝統を完全に克服し、今や西側諸国の一員となったという自信を深めていた。しかし、このたびの選挙でのＡｆＤの躍進は、ドイツ人の自国の民主主義への信頼を揺さぶる結果となったのである。

＊

本書の著者フォルカー・ヴァイスは、このようなヨーロッパ全体に広がるポピュリズムの風潮に対し、二〇一七年に「Die autoritäre Revolte: Die Neue Rechte und der Untergang des Abendlandes（権威主義的反乱　新右翼と夕べの国の没落）」（邦訳『ドイツの新右翼』長谷川晴生訳、新泉社二〇一九年）を出版した。

ヴァイスは、在野の歴史家、思想史家であり、これまでもリベラルの立場からドイツの右翼思想を批判的に検討してきた人物である（ヴァイスの略歴については、『ドイツの新右翼』「解説」参照）が、この「Die autoritäre Revolte」においても、リベラリズムを徹底的に擁護する立場に立って、攻勢を強める「右翼権威主義」に敢然と立ち向かうべきだと主張したのであった。

これに先立って、二〇一一年に出版されたのが、本書「Deutschlands Neue Rechte. Angriff der Eliten – Von Spengler bis Sarrazin（ドイツの新右翼 エリートの攻撃 シュペングラーからザラツィンまで）」である。本書は、二〇一〇年に話題となった「ザラツィン論争」を契機として、戦前に誕生し、戦後を生き延び、そしてドイツ再統一を経て浮上することに成功したドイツの（新）右翼の「文化批判」の系譜を、ドイツを中心とする近現代の思想家、作家、芸術家らのテキスト分析を通じて炙り出そうとしたものである。そして、この近現代ドイツの歴史に伏在してきたこの思想潮流が、ティロ・ザラツィンという現代の「没落文学者」のなかに結晶化しているさまを見て取ったのである（「ザラツィン論争」、「文化批判」、「没落文学」については後述）。

ヴァイスが二〇一七年に刊行した「Die autoritäre Revolte」は、「新右翼」という存在を、一九二〇年代ドイツの思想潮流「保守革命」の流れを継ぐものと位置づけ、「新右翼」に至るまでの戦前・戦後の保守思想の歴史的系譜を辿るとともに、ドイツ国内外のポピュリズムの現代的動向も幅広く視野に入れ、それらの共通性を検討するものであった。

それに対し本書は、一九世紀後半〜二〇世紀初頭以来のドイツの「文化批判」の伝統を、

「保守革命」の思想家にとどまらない、(ドイツ人以外も含む)戦前・戦後の作家、思想家、芸術家らの言説を詳しく分析することで浮き彫りにし、現代の「ザラツィン現象」の思想的・歴史的意味を剔出《てきしゅつ》しようとしたところに特徴がある。本書と「Die autoritäre Revolte」は、現代のドイツの「新右翼」に連なる保守思想の系譜を縦軸に深く掘り下げるという点で基本的モチーフを共有しながら、互いに重なり合わない対象を、異なる手法をもって分析しようとしたという意味で、相補的な関係にあると言えよう。

なお、本書の訳題は『エリートたちの反撃 ドイツ新右翼の誕生と再生』とした。すでに「Die autoritäre Revolte」の訳題に『ドイツの新右翼』が採用されていることもあるが、それよりもドイツの「没落」を嘆きつつ、これを克服するために「エリートの復権」を声高に唱える、「没落文学」の攻撃的側面を強調する本書の特徴を前景化したかったからである。

*

本書の内容を紹介する前に、本書を理解するうえで重要な事項を先に二点述べておきたい。一つは、本書執筆の直接の契機となった「ザラツィン論争」について、もう一つは、「没落文学」の原型であり、これまで様々な論者のなかで多様に変奏されてきたと著者がいう「文化批判」「文化ペシミズム」という主題についてである。まずは「ザラツィン論争」について見ておこう。

ザラツィン論争

「ザラツィン論争」は、古参の社会民主党（SPD）党員で現職のドイツ連邦銀行理事だったティロ・ザラツィンが、二〇一〇年八月三〇日に「Deutschland schafft sich ab（ドイツは自滅する）」（未邦訳）を出版したことにより生じた。このなかでザラツィンは、「移転支出［生活保護など、政府が個人に対して一方的に行う支出］の受給者」であるトルコ人やアラブ人のイスラム教徒の移民たちの高い出生率と、「支出の担い手」であるドイツ人の低い出生率のために、ドイツは経済的に急速な下降線をたどり、また文化的にも没落していっていると主張し、移民を巡って政財界やメディアを巻き込む一大論争に火をつけたのである。

ザラツィンのこのような主張というのは、実は『ドイツは自滅する』出版以前からドイツ社会ではすでに知られていたものだった。同書出版の約一年前、二〇〇九年秋に刊行された『レットル・アンテルナシオナル』第八六号で、ザラツィンは、「ベルリンのアラブ人とトルコ人の多くが生産的な機能を果たしておらず、同じことはドイツの下層階級の一部にも当てはまる」、「出生率の高いアラブ人とトルコ人には統合の意思も能力もないため、これ以上移民を認めるべきではない」など、後の『ドイツは自滅する』における議論を先取りした主張を述べ立てていた（このときに、ザラツィンに対して、一度目のSPDからの除名騒動が持ち上がっている）。

また、『ドイツは自滅する』の出版一週間前の八月二三日には、移民問題を扱った同書第七章の一部が『シュピーゲル』誌と「ビルト」紙に事前掲載され、さらに出版前日の二九日にも、「ユダヤ人は、他と区別される特定の遺伝子を持っている」と、ドイツではタブーの、生物学的な人種論を想起させる議論にまで踏み込んだザラツィンのインタビューが新聞に掲載されるなど、出版前から世間やメディアで大きな注目を集め、論争を生み出す土壌が醸成されていた。こうした背景のもとで満を持して出版されたのが、『ドイツは自滅する』であった。同書は、出版されるやたちまち売り切れ続出となり、一二月までに約一二〇万部が市場に出回るなど異例の大ベストセラーとなったのである（前田二〇一一、および、中谷二〇一二）。

『ドイツは自滅する』をめぐっては、政財界を中心に非難の大合唱が巻き起こった。

まずドイツ連邦銀行総裁アルフレート・ヴェーバー（当時）は、ザラツィンの理事解任に向けた措置を取ると発表した。しかしヴェーバーは、ドイツ連銀理事会内でザラツィン解任の意見をまとめられず、ヴルフ連邦大統領（当時）に解任動議を提出できなかった。交渉の結果、理事会側が動議を取り下げる代わりに、ザラツィンが自ら辞職を申し出ることで決着した。

政界では、メルケル首相がザラツィンの議論を「全く受け入れられない」と述べたほか、ザラツィンが所属するSPDの党首ジグマール・ガブリエル（当時）は、「なぜザラツィンがなおもSPDに居続けようとするのかわからない」と述べ、党幹部会として除名措置を取ることを決定した。しかし、SPD内では慎重を求める声も少なくなく、除名手続きを巡る駆け引きの末、二度目となるザラツィン除名も失敗した。

このほか、言論界でも概ね批判一色となり、ジャーナリストや知識人たちが、陣営の左右を問わずザラツィン批判を展開した。

他方で、『ドイツは自滅する』を評価する意見も確かに存在していた。言論界の一部には「主張は正鵠を射ている」としてザラツィンを擁護する声がみられた。また、『シュピーゲル』誌の世論調査では、7割以上の国民がザラツィンの主張の一部を支持するという結果が出るなど、世論は概ね肯定的な反応を示した。さらには、インターネットやSNSなど、マスメディア以外の場所での評価の声が多かったと言われている。

『ドイツは自滅する』が深刻に受け止められたのは、成功した高級官吏で、中道左派のSPDに属する財政専門家が移民の現状について苦言を呈したという理由だけではなかった。それは、「六八年世代」が社会や政治に進出するに伴って、広範な政策領域——ザラツィンは移民政策、人口政策、教育政策、社会政策などを挙げている——に浸透した、差別に反対し平等の貫徹を唱える、「リベラル性」や「政治的正しさ《ポリティカル・コレクトネス》」に対する異議申し立てでもあったからだ（今野二〇一三）。

『ドイツは自滅する』のなかには、「ドイツで広まったリベラル性といわれるものが、六八年世代の伝統のなかでしばしば無意識のうちに社会化したことで、どんな人口政策もいかがわしいものと思われるようになり、またどんな移民の流入も、まずもって良いものと思われるようになっている」との一節がある（Sarrazin 2010, S. 391.）。こうしたザラツィンの歯に衣着《きぬ》せぬ言動が、ドイツ各界のリベラル層の怒りに火をつけた、とも見ることができるだろう。

なお、二〇一八年にザラツィンの新著「Feindliche Übernahme: Wie der Islam den Fortschritt behindert und die Gesellschaft bedroht（敵対的買収――いかにしてイスラム教は進歩を妨げ、社会を脅かしているか）」が出版された際に、三度目のSPD除名問題が持ち上がっており、現在も係争中である（二〇二〇年一月、SPDベルリン州仲裁委員会はザラツィンの除名を決定したが、ザラツィンはこれに控訴したため、同年七月末にSPD連邦仲裁委員会によって最終的な裁定が下されることになっている）。

「文化批判」「文化ペシミズム」

次に「ザラツィン論争」と並ぶ本書のもう一つの文脈である、ドイツ固有の「文化批判」「文化ペシミズム」の伝統についても簡単に述べておきたい。

「文化批判」「文化ペシミズム」は、文化の現状を「没落」「崩壊」「退廃」「変質」の過程にあるものとして批判する言説の総称であり、一九世紀後半から二〇世紀前半にかけて、ドイツのエリート階層である「教養市民層（Bildungsbürger）」によって大々的に唱えられたものである。

そもそも「市民（Bürger）」とは、近代初期には、身分的には貴族や農民・労働者とは区別された「都市市民（Staatsbürger）」を指していた。それが、一八世紀になると、資本主義の発展、商業の拡大、工業化の発達に伴って、経済的に裕福がある資本主義的な階級社会の上位に立つブルジョワジー（「経済市民（Wirtschaftsbürger）」）を指すように、意味内容が変化していった。一方、フランス革命の影響のもとで、自由で法の前に平等な政治上の公民（「国家市民（Staatsbürger）」）も新たなカテゴリーとして創出された。ドイツにおいては、この「国家市民」の対応物として、一八世紀～一九世紀にかけて、「経済市民」として「財産」を持ちつつ、大学教育を通じて「教養」を得た文化的な市民（「教養市民」）が形成されていった（松本二〇〇八）。

こうして形成された「教養市民層」は、国内分裂が甚だしいドイツの経済的立ち遅れを背景に、上から強力に改革を推し進める領邦国家のなかにあって、「教養」を自らの権威の基盤として、政治・文化・思想の領域における活動を牽引し、一九世紀ドイツにおける支配エリート層としての地位を確立していった。しかし、一九世紀後半になると、「教養市民層」は、徐々にその地位を脅かされることになる。

急速に進展する工業化にともない、中流以下の経済市民層と労働者の政治的発言力が増し、大衆社会化の傾向が顕著となった。これによって、それまでのエリートとしての優越的な地位が揺さぶられるとともに、他の階層出身者が、教養市民層の特権であった「教養」へのアクセスルートである大学にも流入していくことで、「教養」を持つ唯一の集団としての階層的なまとまりも弱体化していった。さらに、実用主義的な技術知・専門知への需要が増大することで、彼らの文化的基盤を成していた新人文主義的な「教養」理念をも空洞化する事態に直面したのである（野田一九九七）。

こうした事態を「危機」と認識した一九世紀末から二〇世紀初頭の「教養市民層」は、上述の社会状況の変化を、個人主義的、合理主義的、民主主義的、自由主義的な近代西欧の「文明（Zivilisation）」が、創造的、精神的、非合理的、内面的、かつ「民族（Volk）」の核をなすドイツの「文化（Kultur）」に挑戦し、これを脅かしていると読み替えて、「文化の危機」を叫ぶようになっていったのである。

これが、本書のいう「文化批判」であり、「文化ペシミズム」の内実である。一九一八年に出版されたシュペングラーの『西洋の没落』は、まさにこの時代のドイツ知識人の精神状況を正確に反映するものだったと言えよう。

こうしたなかで勃発した第一次世界大戦は、「教養市民層」にとって、劣勢にあった「文明」との戦いのなかで、「文化」がこの危機的状況を覆すことのできる絶好の機会として映った。しかし、ドイツは戦争に敗北する。それのみならず国内の革命によるドイツ帝国の崩壊、ヴェルサイユ条約による領土の割譲や莫大な賠償金、社会主義・共産主義勢力の台頭を目の当たりにして、「民族」全体の危機がいよいよ自覚されるようになっていった。この「民族の危機」を克服するため、保守知識人のなかから、「民族」を基盤とし、さらにそのなかに戦時の「塹壕体験」を昇華させた新たなナショナリズム、すなわち「保守革命」と総称される思想潮流が誕生してくるのである（「保守革命」の詳細については、小野二〇〇四、および、『ドイツの新右翼』「解説」を参照）。

＊

それでは、以下に本書の概要を紹介しておこう。

本書の中心的な主張は、著者が「没落文学」と名付ける言説がドイツを中心とする著述家の作品のなかで脈々と語り継がれ、その近年の最も典型的な例をティロ・ザラツィンの『ドイツは自滅する』のなかに見出すことができる、というものである。ここでいう「没落文学」とは、さしあたり「ドイツは、非エリート的な要素の拡大（大衆の台頭、移民の流入など）のために没落しつつあり、没落を食い止める唯一の方策としてエリートの復権が必要不可欠だ」と唱える主張及び著作物全般を意味している。これは「ドイツ没落論」と言えるが、文学の一つのカテゴリーとして提示しようという著者の意図を汲み、あえて「没落文学」と訳した。本書では「黙示文学」「終末文学」とも言いかえられている。

この「没落文学」は、大きく述べて二つの軸を中心に展開してきた。一つは、「大衆の台頭がエリートの没落をもたらす」という「大衆とエリート」というテーマであり、もう一つが、「移民の流入が自民族の危機をもたらす」と述べる「人口動態と危機」というテーマである（ここで、数値によって危機の「客観性」を強調する場合に用いられるのが、人口統計学である）。「大衆とエリート」言説と「人口動態と危機」言説とは、目の前の危機を煽ることにおいて、互いに補完する役割を果たしており、本書は、この二つのテーマを軸に、歴史上の個々の「没落文学者」たちが自らの主張をいかにして展開してきたのかをめぐって叙述していく。

第1章「二〇一〇年の黙示録」では、二〇一〇年の『ドイツは自滅する』出版を契機に、移民問題をめぐって起きた「ザラツィン現象」の経緯が描かれている。その際、著者は、ザラツィンを「現象」にまで押し上げた「共犯者」として、「マスメディア」の存在を指摘している。

著者のヴァイスによれば、「没落文学」は歴史上の様々な著述家——第一次世界大戦後のオスヴァルト・シュペングラー、一九二〇年代のエトガー・ユリウス・ユング、オルテガ・イ・ガセット（ドイツでの受容の頂点を迎えるのは第二次世界大戦後）、第二次世界大戦後のフリードリヒ・ジーブルク、六〇年代のアルノルト・ゲーレン、七〇年代のハンス＝ユルゲン・ジーバーベルク、九〇年代のボート・シュトラウス、二〇〇〇年代のペーター・スローターダイク、そして二〇一〇年のティロ・ザラツィン——のなかで、多種多様に変奏されてきた。ただし、ヴァイス自身が認めるように、本書が取り上げる人物は、体系的ではなく著者が選択した結果であり、その意味で本書はあくまで「没落文学」の「不完全な系譜学」に過ぎない。

第2章「ドイツの没落」は、シュペングラー、ユング、ジーブルク、オルテガ、ゲーレンらの「没落文学」の諸相を個別に検討している。最初に取り上げられるのは、著者ヴァイスが「没落文学として最初に現れた作品」と位置づけるシュペングラーの『西洋の没落』である。

第一次世界大戦中に執筆された同書は、文明は必然的に生成から没落への過程を辿ること、いままさに近代ヨーロッパ文明はこの没落過程の最中にあることを宣言したもので、第一巻が一九一八年に刊行されるや、第一次世界大戦後の混沌とした精神状況のなか、ヨーロッパの読者に広く受け入れられた。

ユングについては、主著『劣等者の支配』（一九二七年、第二版一九三〇年）の詳細な検討が行われる。ユングは特に第二版のなかで、当時の「最新学問」である人種衛生学を基に様々なデータを駆使して、出生数の減少や死亡率の低下による社会の高齢化と、移民・外国人の流入による「民族体」の没落過程を描写し、ヴァイマルの社会国家が、国を導くべき「より価値の高い者」を駆逐し、本来なら滅んでしかるべき「劣等者」の淘汰を阻害していると説いた。

次に言及されるジーブルクは、一九二〇年代に「保守革命」周辺で活動していたが、ナチ時代にナチ・ドイツの広報担当に「出世」し、「第三帝国」を諸外国に喧伝する立場にまでなった人物である。このためジーブルクは、戦後の一時期、言論活動を禁止されることになった。しかし、程なくして活動再開を許されたジーブルクは、すぐに保守論壇の重鎮へと復権するとともに、連合国によって民主主義を据え付けられた「残滓のドイツ」に苛立ちを隠さず、「ドイツから偉大さや理想主義が失われた」ことを嘆いて、精力的に執筆活動を展開していく。

ここで一旦ドイツの文脈を離れ、シュペングラーの『西洋の没落』と並ぶ、もう一つの「没落文学」の源泉とされるオルテガの『大衆の反逆』（一九二九年）が検討される。大衆の台頭による社会の変質と支配エリートの失墜を描いた同書のドイツ語版は、すでに一九三一年に刊行されていたが、これがドイツで広く受容されたのは、第二次世界大戦後の民主化された西ドイツ社会においてであった。

オルテガに次いで扱われるのが、「アンチ六八年のバイブル」として右翼から持て囃された、『道徳と超道徳』（一九六九年）の著者ゲーレンである。戦後、ナチ党に所属していた過去のために占領国によってアカデミズムから追放されたゲーレンは、占領国によって人工的に「据え付けられた」西ドイツ、「人道博愛主義」が不当なまでに浸透してしまった西ドイツを激しく嫌悪し、この西ドイツを理論的に支えるフランクフルト学派や「六八年」の知識人たちを攻撃していく。

第3章「自覚ある国民への道」では、まず七〇年代後半のドイツ右翼の結集とその活性化に焦点が当てられる。一九七九年に、「左翼による「文化革命」に対する回答」という名目で設立されたのが、ヴァイカースハイム研究センターである。同研究所で指導的役割を果たした哲学者ギュンター・ローアモーザーのもとには、八二年にSPDから政権を奪取したコール首相率いるキリスト教民主同盟（CDU）の現実路線に対し、党内で居心地の悪さを感じていた右派をはじめとする保守主義者の面々が集っていった。そしてローアモーザーのもとに結集したこの「新右翼」たちは、政治の舞台で直接対決するのではなく、文化の領域で世論に働きかけ、徐々に自らの主張に沿うように変容を迫っていく、いわゆる「メタ政治」戦略を積極的に展開していく。

その後、一九九〇年にドイツ再統一が達成され、西欧基準で「普通の国」となった国民国家ドイツのなかでドイツ人の「国民的自覚」を求める声が強まっていくと、これを背景に「新右翼」はさらなる攻勢に転じることになる。この時期の「メタ政治」戦略の代表的活動の一つとして取り上げられるのが、一九九四年に出版された論集『自覚ある国民の道』である。同書は、劇作家ボート・シュトラウスがドイツ再統一後の一九九三年に発表したエッセイ「高鳴る山羊の歌」と、これに触発された保守派知識人による、ドイツ人の国民的自覚を巡る論考を収録したものである。

シュトラウスは「高鳴る山羊の歌」のなかで、「現在のリベラルかつ自由至上主義的な自己陶酔」における「血の犠牲」の意義に言及し、またドイツ再統一直後に横行した外国人襲撃事件に対して肯定的解釈を行ったとも取られる発言を行った。このため、これを「過去の克服」に対する深刻な挑戦として受け止めた左翼リベラル陣営から、激しい批判にさらされた。

本書で「没落文学者」の一人に数え入れられている映画監督ハンス＝ユルゲン・ジーバーベルクも、『自覚ある国民への道』に文章を寄せた一人である。一九七七年に発表した長編の映画『ヒトラー、あるいはドイツ映画』で、すでに国際的な名声を得ていたジーバーベルクは、一九九〇年に『最後の戦争の後のドイツにおける芸術の不運と幸運について』を発表した。このなかで彼は、戦後のドイツ社会で「左翼やユダヤ人が結託してドイツ文化を抑圧してきた」

ことを主張して、政治的右翼の立場を明確にする。以後、シュトラウスやジーバーベルクは、ドイツ「新右翼」の「ご贔屓作家」となっていく。

続く第4章「人間工学的転回」では、ドイツの著名な哲学者ペーター・スローターダイクが取り上げられる。スローターダイクは、九〇年代後半以降、『「人間園」の規則』(一九九八年、邦訳二〇〇〇年)や『大衆の侮蔑』(二〇〇〇年、邦訳二〇〇一年)などで、「生政治」を巡る思考を展開してきたが、二〇〇九年にその集大成として大部の著作『汝は汝の生を生きなければならない』(未邦訳)を出版した。この大著のなかで著者ヴァイスが特に注目するのが、「税と国家」という主題である。詳細は本書に譲るが、スローターダイクが近代の社会国家を「大衆の存在を口実にして、最も能力の高い人間から税制を通じて財を吸い上げている」と露骨に非難するとき、ヴァイスは、スローターダイクも大衆の台頭に脅威を覚えてエリート主義を掲げる、「没落文学」の現代作家の一人に数え入れることが可能だと言う。

第5章「大衆に対する不安」と、第6章「人口統計学と危機」は、これまで個別の著述家に即して論じてきた事柄を、それぞれのテーマに即して改めて取り上げ直したものであり、これまでの議論のまとめの役割を果たす。そのため、これまでの議論と重複している箇所も少なくない。第5章では、一九世紀の大衆社会化・民主主義化の進展により、政治の主体となりつつあった「大衆」に対するエリートの不安と、この不安を糧に、自らの復権を目論む「エリートの反乱」のメカニズムが描かれる。

第6章では、「よそ者」人口の過剰と、ドイツ人の出生率の低下が、社会全体の「質的悪化」をもたらすという、危機を煽る言説が検討される。そして、ここで改めてユングとザラツィンの議論の相同性が強調される。両者には、「知能は遺伝する」といった優生学的な議論の構造だけでなく、自らの主張の「事実性」を裏付けるために、人口統計資料に過度に依拠する点も類似している、とヴァイスは言う。

第7章「言論闘争のパルチザンたち」では、いかにして戦後の右翼が、カール・シュミットの「パルチザン」概念に依拠してきたか、その様相が浮き彫りにされる。彼らは自らを、グローバルな「正規軍」に対して「非正規闘争」を展開する「パルチザン」として自己正当化し、ドイツ社会を生き延びようとしてきた。シュミットの「パルチザン」概念は、「新右翼」の「メタ政治」戦略にとって、政治という「主戦場」ではなく、文化領域における「ゲリラ戦」を遂行するための、うってつけの理念的な拠り所だったのである。

次いで「六八年」のシンボルとしての「善意の人」というモチーフが検討される。「善意の人」は、もともと左翼陣営側の自己批判の言葉として現れたが、後に右翼に流用され、「政治的正しさ《ポリティカル・コレクトネス》」を声高に主張し、「言論封殺」の圧力をかける（とされる）左翼リベラルを糾弾する道具となっていく過程が描写される。

最終章の第8章「偽りの予言者たち」では、ふたたびザラツィンを取り上げて、議論の総括を行っている。若きザラツィンの研究者時代に言及した後、ザラツィンの主張と、これを「選択的に受容」した保守派との矛盾に満ちた関係が改めて検討される。同時に、ザラツィンがなぜ、批判対象であるはずの「ドイツの下層階級」からも支持を集めたのかという問いを立て、ザラツィンの「民衆煽動」の手法を詳しく分析して、その答えを探ろうとする。そして、そのときに改めてスポットを当てられるのが、ザラツィンを社会現象にまで押し上げたメディア（大衆タブロイド紙・大手出版社・民間ＴＶ局）の役割である。

結局のところ、ザラツィンの「成功」は、「新右翼」に大きな「示唆」を与えるものとなった。なぜなら、これまでドイツの右翼勢力が試みてきた、ドイツの過去をめぐる歴史修正主義的な方向性では、もはや世論の同意を得ることができないこと、移民の流入により脅かされる人びとの日常生活やドイツの文化的問題を取り上げてこそ、世論の注意を引きつけられることが、「ザラツィン論争」を通じて改めて白日のもとに晒されたからである。ヴァイスは、「新右翼」は、今後ますますこの「メタ政治」的な方向へと戦略の舵を切っていくことだろう、そして、「社会は将来、「新右翼」のこうした動向に対応するための覚悟と準備をしなければならないだろう」との「予言」を述べて、本書を閉じている。

＊

本書の「予言」はその後、現実化してしまったように思われる。冒頭で述べたように、本書の出版（二〇一一年）後、二〇一三年に結成されたＡｆＤは、党内での権力闘争を経て「右傾化」しながら、あっという間に党勢を拡大し、連邦議会の第三党にまで成りおおせた。反移民・難民運動「西洋のイスラム化に反対する愛国的欧州人（ペギーダ）」のような、AfDの主張に強く共鳴する社会運動も未だ根強く存在するなど、ドイツ社会におけるポピュリズムの裾野はゆっくりと、しかし着実に広がっているように見える。（なお、AfDは、二〇一七年選挙以降、新型コロナウイルスのパンデミック発生前後の二〇二〇年二月までは、一四％程度の高支持率を維持していたが、同年五月時点の支持率は、一〇％前後まで下落している。代わりに、メルケル首相の新型コロナウイルス対策が国民に高く評価されたCDUの支持率は、三月以降急上昇し、二〇一七年夏以来の高水準である四〇％に近づいている。）

AfDはこれまで、連合国が「押し付けた」という戦後の民主的秩序や、ホロコーストを始めとするナチズムの過去を直接的には否定せず、移民・難民の受け入れ制限や、自国の利益および文化的アイデンティティーの重要性を強調する「メタ政治」戦略を通じて、移民・難民に対して不安を覚え、あるいは文化の多様性を肯定する風潮に違和感を持つ人びとの受け皿となることに成功した。この間に「新右翼」は、AfD内の「右派」勢力を通じて、一定の影響力を行使しうるだけの足場を党内に築くことに成功する（「右派」に、「新右翼」とつながりの深い人物が多く含まれていることは、つとに指摘されている。『ドイツの「新右翼」』第3章）。

もちろんこのAfDの成功は、「ザラツィン論争」によって、移民への違和感を公然と表明することができる言論空間が拓かれることなくしては不可能だっただろう。いずれにせよ、

「新右翼」の「メタ政治」戦略は、ＡｆＤという器を得て、広く社会に影響力を及ぼすための千載一遇の機会を得たのだと言えよう。

しかし、ＡｆＤの党内政治の実情を見るならば、「新右翼」は今の状況を無条件に喜ぶことができないように見える。そもそもＡｆＤは、結党当初こそ経済リベラルに重きをおいていたが、難民の社会問題化にも助けられて、反移民・難民、反イスラムといった「右方向」にシフトすることで、既存政党に不満を持つ層を引きつけることに成功してきた。つまり、今日のＡｆＤの躍進は、何よりもこの「右傾化」の賜物であった。

しかしこの「右傾化」の裏では、ＡｆＤ内部における激しい権力闘争が行われてきた。ＡｆＤは、結党このかた、党勢の維持・拡大を重視し、より広範な保守層へ支持を広げようとして現実主義路線を掲げる「穏健」勢力と、自らの信念に基づいて右翼的主張を掲げ、ときにはドイツの民主的秩序に反する言動も辞さない保守派・右派勢力の「イデオローグ」との間で絶え間ない衝突を繰り返し、時には分裂も危惧される危機を経験してきた。そして衝突のたびに、「イデオローグ」側が勝利を収め、党の代表もベルント・ルッケからフラウケ・ペトリを経てアレクサンダー・ガウラントへと、保守色の強い人物に交代してきた（佐藤二〇一六、および、佐藤二〇一七）。

しかし、この「右傾化」は同時に、現在のＡｆＤに一つのジレンマを突きつけてもいる。なぜなら、党内の「穏健」勢力は、行き過ぎた右翼的主張により穏健な保守層を遠ざけ、党勢拡大の可能性を低める危険性があることを認識しながらも、「右傾化」がAfD成功の鍵であるために、「イデオローグ」と全面的に対決することができないからだ。

また、党のさらなる「右傾化」の行き着く先に懸念されるのは、基本法の「自由で民主的な基本秩序」との衝突である。実際、党内右翼急進派閥「翼」や、AfDの青年組織「若き選択肢」は、ドイツにおける反憲法的活動を調査する連邦内務省管轄の憲法擁護庁から「極右的」と判断され、その活動が監視の対象となっている。この点からも、このまま「右傾化」路線を続けていくことがAfDの存続を脅かす可能性があることは、「穏健」勢力において強く自覚されている。

かといって、「穏健」勢力がAfDの「右傾化」を抑制しようとすれば、党勢拡大の推力となってきた「イデオローグ」との間で、さらなる対立を惹起する可能性も排除できない。

つまり、一方で「右傾化」による党の成功と、他方で「右傾化」しすぎることによる党勢拡大の阻害・派閥抗争の惹起、あるいは憲法秩序との衝突による党存続の危機、という大きなジレンマを抱えているのが、今のAfDなのである（野田二〇二〇）。

なお、先述の「翼」に関しては、憲法擁護庁の監視対象となったことを受けて、AfD連邦指導部が「翼」に解散を求めた結果、二〇二〇年三月、党内「右派」の代表者で、「翼」の領袖であるビヨルン・ヘッケが、「翼」の解散を決定している。

ところで、ここでさらにもう一つ大きなレベルへと視野を拡げるならば、今のヨーロッパの政治状況は、国境の開放、自由貿易の推進、普遍的人権の擁護といったグローバル化に対抗して、国境の閉鎖、保護貿易の推進、自国民の優先といったナショナルな流れに傾きつつあると言えよう。それにともない、各国国内の政治的論点も、従来の「右翼権威主義か左翼リベラルか」といった対立軸から、「グローバルかナショナルか」といった対立軸へと移行しつつある。この大情況の変化が、各国選挙において「自国民優先」を掲げ、「内」と「外」の区別を強く打ち出すポピュリスト政党に有権者が惹きつけられる一因となっている（佐藤二〇一八）。AfD（特に「右傾化」後のAfD）は、まさにこうした流れに棹さして、既存政治に対する不満の受け皿として成功してきたのである。

かくして、いま現在も党内に大きな抗争の火種を抱えるAfDは、今後さらなる「右傾化」の果てに、党内抗争を激化させて分裂、または（これまでのドイツの極右政党のように）ドイツの憲法秩序と衝突して衰退の途を歩むのか、それとも、「グローバル」な論理に対抗する「自国民優先」の論理を錦の御旗として、引き続き党勢の維持・拡大を図っていけるのか、その境目に立っていると言っていいだろう。「エリートの復権」を掲げ、AfDに自らの希望を託した「新右翼」であっても、今般のAfDの成功を諸手を挙げて歓迎できる状況にはなく、眼前の視界は依然として不明瞭であるほかはない。

＊

昨今、各国や地域の比較に重きをおいたポピュリズムの政治研究が活況を呈しているなか、思想史の観点から現代ドイツ右翼の歴史的系譜を検討しようとするヴァイスの試みには、大きな意義があるように思われる。二〇一九年に新泉社より刊行された『ドイツの新右翼』とともに、本書が複雑に錯綜する現代ドイツ政治を理解するための一助となれば幸いである。

ところで、本書には、日常的にはあまり使われない「文語」が多用されている。ヴァイスの文体のクセといってしまえばそれまでだが、このために、訳す際にはたびたび意訳や補足を施さなければならなかった。また、短い文章に意味を凝縮させたり、ドイツの政治的出来事や思想用語を突然取り出しては無造作に使用したりするところも、それらに予備知識のない読者には不案内である（本書が「ザラツィン論争」から半年の短い期間で出版されている（二〇一一年三月）ところから、急ピッチでの執筆も影響しているのかもしれない）。訳者自身が思想史については門外漢であることを割り引いても、言葉足らずで難解な文体を解きほぐしてその意味を理解することにはかなりの苦労が伴った。

このような事情で、最初の訳稿はほとんど日本語の意味をなさない代物になってしまった。わかりやすい文章を、と大変な熱意をもって叱咤激励してくださり、原稿チェックに多大な献身を行ってくださったのが、新泉社の内田朋恵さんである。心から御礼申し上げます。また、校正の過程では、『ドイツの新右翼』の訳者であり、一九二〇年代の「保守革命」論を専門とする長谷川晴生氏（ドイツ文学・思想）から原文にまで遡って訳文を見ていただくことができた。

氏に誤訳や事実誤認を指摘していただいたおかげで、多くのミスを未然に防ぐことができた（もちろん、残るあり得べきミスはすべて訳者の責任である）。さらに、本解説にも大変有意義なコメントをいただいた。ここに記して御礼申し上げます。

参考文献

今野元（二〇一三）「ザラツィン論争——体制化した「六八年世代」への「異議申立」——」『愛知県立大学大学院国際文化研究科論集』第一四号、一七五〜二〇四頁
小野清美（二〇〇四）『保守革命とナチズム　Ｅ・Ｊ・ユングの思想とワイマル末期の政治』（名古屋大学出版会）
佐藤公紀（二〇一六）「「ドイツのための選択肢」の分裂とその背景」『ドイツ研究』第五〇号、一四六〜一五七頁
佐藤公紀（二〇一七）「「怒れる市民の抗議運動」——ＡｆＤとペギーダを例に」『ドイツ研究』第五一号、一〇〜二九頁
佐藤成基（二〇一八）「グローバル化のなかの右翼ポピュリズム：ドイツＡｆＤの事例を中心に」『社会志林』六五巻第二号、九五〜一一五頁
中谷毅（二〇一二）「ドイツにおける移民・イスラム教徒問題：Ｔ・ザラツィン著『自滅するドイツ』をめぐる議論を素材にして」『愛知学院大学宗教法制研究所紀要』第五二号、四五〜六二頁
野田昌吾（二〇二〇）「「ドイツのための選択肢（ＡｆＤ）」の台頭」、水島治郎編『ポピュリズムという挑戦　岐路に立つ現代デモクラシー』（岩波書店）、八六〜一一〇頁
野田宣雄（一九九七）『ドイツ教養市民層の歴史』（講談社学術文庫）
前田直子（二〇一一）「ドイツ移民統合政策のゆくえ：ザラツィン論争をきっかけとして」『獨協大学ドイツ学研究』第六四号、五三〜九三頁
松本彰（二〇〇八）「市民社会と国家、そして戦争」『クァドランテ』第一〇号、一一三〜一一七頁
Sarrazin, Thilo, Deutschland schafft sich ab. Wie wir unser Land aufs Spiel setzen, München: Deutsche Verlags-Anstalt, 10. Auflage, 2010.

資料

本書に登場する主要人物についてまとめた一覧である。すべて姓名の順で掲載し、カタカナ表記の五十音順で並べた。

人物名

オルテガ・イ・ガセット、ホセ（José Ortega y Gasset）

一八八三年〜一九五五年。スペインの哲学者。マドリードに生まれる。マドリード大学で哲学を学んだのち、ドイツに留学し、ライプツィヒ、ベルリン、マールブルク大学でカント哲学を研究した。一九一〇年にスペインへ帰国した後、二七歳のとき、マドリード大学の形而上学教授に就任し、以後、活発な著作活動に入る。一九二九年に『大衆の反逆』を発表。スペイン内乱に際し国外に亡命したが、一九四五年に帰国。一九五五年、マドリードで死去。

ゲーレン、アルノルト（Arnold Gehlen）

一九〇四年〜一九七六年。ドイツの社会学者。ライプツィヒ大学に学び、第二次世界大戦中は同大学、ケーニヒスベルク大学（現・イマヌエル・カント・バルト連邦大学）、ウィーン大学で教鞭をとった。戦後、非ナチ化の過程で大学教授職を解かれるも、一九四七年にシュパイヤー行政科学大学に職を得て、一九六二年以降アーヘン工科大学教授となった。主著に『人間』（一九四〇）、『人間学の探究』（一九六一）などがある。

ザラツィン、ティロ（Thilo Sarazzin）

一九四五年〜。古参のドイツ社会民主党の党員で、大学卒業後、七五年から九一年まで連邦財務省に勤務（七八年から八一年までは連邦労働省に在籍）したのち、いくつかの公職を経てドイツ鉄道理事に就任。二〇〇二年から〇九年までクラウス・ヴォーヴェライト・ベルリン州首相のもとで州財務大臣を務め、二〇〇九年にドイツ連邦銀行理事となった。ドイツ連銀理事在職中の二〇一〇年八月に発表した著書『ドイツは自滅する』は、ドイツに流入するイスラム系移民に対する批判を展開して、移民をめぐる一大論争を呼びおこし、ドイツでは異例のミリオンセラーとなったが、これが基でドイツ連銀理事の解職騒動に発展した。なお、これまで二度にわたってSPD指導部により党除名手続きが行われてきたが、いずれも成立せず、現在三度目となる除名手続きが進行している。

ジーバーベルク、ハンス＝ユルゲン(Hans-Jürgen Syberberg)

一九三五年～。ドイツの映画監督。ノッセンドルフ（フォアポメルン）に生まれる。一九五三年に西ドイツに移住し、一九六三年にデュレンマットに関する研究で博士号を取得。一九六三年からバイエルン放送局のフリーランス映画作家として活動する。一九六八年には初の長編映画『スカラベア』を製作し、七〇年代にはいわゆる「ドイツ三部作」（『ルートヴィヒ二世』〈一九七二〉、『カール・マイ』〈一九七四〉、『ヒトラー、あるいはドイツ映画』〈一九七七〉）を発表し、大いに注目を浴びる。とりわけ、『ヒトラー、あるいはドイツ映画』は、ヒトラーを擁護し、ナチズムを無害化するものだとして大きな物議を醸した。

ジーブルク、フリードリヒ(Friedrich Sieburg)

一八九三年～一九六四年。ドイツの文芸評論家、ジャーナリスト。第一次世界大戦に従軍した後、作家、ジャーナリストとなって、各国に特派員として滞在。『ディ・タート』周辺とも交流し、ヴァイマル期の保守派の論客として活躍した。ナチ時代には、「フランクフルト新聞」パリ特派員としてルポルタージュ活動を行う傍ら、一九三九年以降、ドイツ外務省参事官としてブリュッセルやパリに赴き、ナチ・ドイツの広報活動を担当した。戦後、フランス当局より出版活動を一時的に禁止されたが、一九四八年に雑誌『現代』を創刊し、言論活動を再開。一九五六年以降、「フランクフルター・アルゲマイネ新聞」文芸欄《リテラトゥーアブラット》を統括し、主に「四七年グループ」の批判者として戦後の保守論壇をリードした。

シュトラウス、ボート（Botho Strauß）
一九四四年～。ドイツの劇作家、小説家。ケルン大学、ミュンヘン大学で演劇史、社会学を専攻するも中退、一九六〇年代後半から七〇年代前半にかけて、演劇雑誌『演劇の今日』の編集者兼ジャーナリスト、ベルリンの演劇場『シャウビューネ・アム・ハレシェン・ウーファー』の文芸部員として活動した。劇作品として『気で病む者たち』（一九七二）、『再会の三部作』（一九七八）、『大と小』（一九八〇）、『訪問者』（一九八八）、小説として『マルレーネの姉』（一九七五）、『騒ぎ』（一九八〇）、『始まりの喪失』（一九九二）などがある。一九八九年、ゲオルク・ビュヒナー賞を受賞。

シュペングラー、オスヴァルト（Oswald Spengler）
一八八〇年～一九三六年。ドイツの文化哲学者、歴史家。ハレ、ミュンヘン、ベルリンなど各大学に学び、ヘラクレイトスに関する論文で学位を取得した。ハンブルクなどで高校の教職についた後、一九一一年に教職を辞してミュンヘンで文筆生活に入る。一九一八年に『西洋の没落』第一巻を刊行し（第二巻、一九二二年刊）、第一次世界大戦後のドイツでベストセラーとなった。一九三六年にミュンヘンで死去。

スローターダイク、ペーター（Peter Sloterdijk）
一九四七年～。ドイツの哲学者、作家。ミュンヒェン大学、ハンブルク大学で哲学、文学、歴史を専攻し、一九七五年にハンブルク大学から博士号を授与される。八〇年代にかけてフリーランスの著述家として活動する傍ら、一九八三年にズーアカンプ社より『シニカル理性批判』を出版し、好評を博す。同書は「二〇世紀の最も売れた哲学書の一つ」（公式HPの略歴紹介より）とされる。以後、旺盛な著述活動を続けるとともに、一九九二年からはカールスルーエ国立造形大学哲学及び美学講座を担当し、二〇〇一年から一五年まで同大学学長を務めた。

ユング、エトガー・ユリウス（Edger Julius Jung）
一八九四年～一九三四年。ドイツの思想家、評論家。第一次世界大戦では航空兵、のちに義勇軍兵士として参戦し、戦後は弁護士となり、「ドイツ人民党（DVP）」で活動した。プファルツ地方の分離主義と闘い、一九二四年初め、指導者の暗殺に関わったため、ミュンヘンに逃れて文筆活動を開始した。一九二七年に発表した主著『劣等者の支配』で「保守革命」の代表的論者と目された。一九三二年以降、首相フランツ・フォン・パーペンの政治顧問となり、一九三四年六月一七日のパーペンによるナチス批判演説「マールブルク演説」を起草したが、このために逮捕され、同年六月のレーム事件の最中に殺害された。

著者
フォルカー・ヴァイス Volker Weiß
1972年生まれ。19世紀から現在までのドイツの極右を専門とする歴史家、評論家。ハンブルク大学で歴史学の博士号を取得後、複数の大学での非常勤講師を経て、現在は新聞や雑誌での執筆活動を展開している。単著に『Die autoritäre Revolte: Die Neue Rechte und der Untergang des Abendlandes』(2017年、邦訳『ドイツの新右翼』新泉社)、『Moderne Antimoderne. Arthur Moeller van den Bruck und der Wandel des Konservatismus (近代的反近代——アルトゥール・メラー・ファン・デン・ブルックと保守主義の変容——)』(2012年、未邦訳)などがある。

訳者
佐藤公紀 さとう・きみのり
1978年生まれ。ドイツ近現代史、現代ドイツ政治。東京大学大学院総合文化研究科博士課程修了。博士(学術)。現在、明治大学法学部専任講師。論文に「「怒れる市民」の抗議運動の内実とその論理—— AfDとペギーダを例に」(『ドイツ研究』第51号、2017年)、「ヴァイマル共和国における監獄改革と受刑者処遇の実際——不服申し立て史料の検討を通して」(『現代史研究』第55号、2009年)など。共訳にヴォルフガング・ソフスキー『安全の原理』(法政大学出版局、2013年)。

エリートたちの反撃
——ドイツ新右翼の誕生と再生

2020年7月26日　第1版第1刷発行

著者
フォルカー・ヴァイス

訳者
佐藤公紀

発行
株式会社新泉社
東京都文京区本郷2-5-12
TEL 03-3815-1662
FAX 03-3815-1422

印刷・製本
株式会社太平印刷社

ISBN 978-4-7877-2013-9　C0036

新泉社の本

『ドイツの新右翼』

フォルカー・ヴァイス著
長谷川晴生訳

四六判並製468頁　2800円+税
ISBN978-4-7877-1827-3
2019年発行

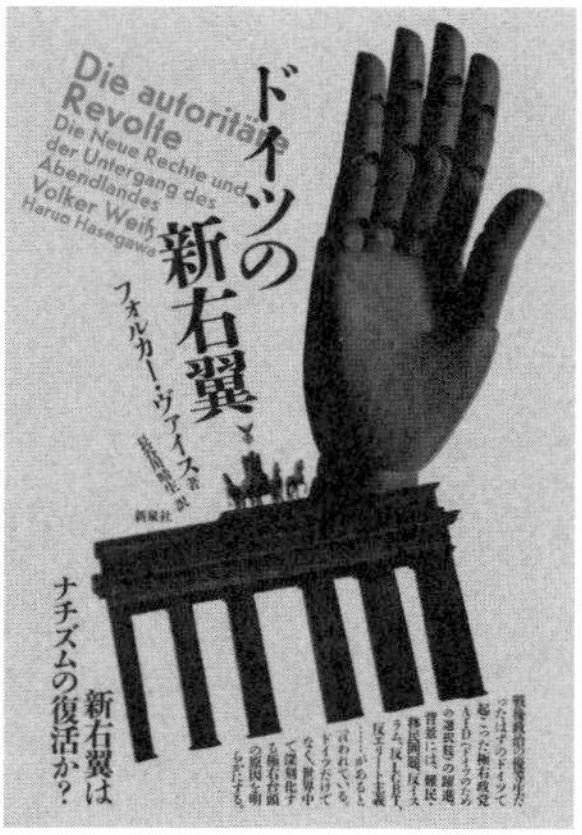

反移民、反難民、反イスラムを掲げた右翼ポピュリズムと理解されがちなドイツの極右勢力。しかし、その思想の源泉はヴァイマール時代にあり、敗戦後も脈々と生き延びてきたという長い歴史を持つ。とくに、ドイツの右翼が思想的なよりどころとする、シュペングラーの「夕べの国（西洋）」の概念史、シュミットの「大圏域」の地政学と新ユーラシア主義への言及では、ほかに類書がない。ドイツ新右翼のすべてを解説した決定版。